Psychologie für Anfänger

Emotionale Intelligenz, NLP & positives Denken lernen - Selbst das eigene Bewusstsein stärken - Loslassen, Grübeln stoppen & negative Gedanken loswerden Ratgeber Buch

Allgemeine Psychologie: **Band 3**

Inhaltsverzeichnis

Psychologie für Anfänger – mit NLP und weiteren Möglichkeiten negative Gedanken loswerden

Es gibt immer wieder diese Situationen, wo negative Gedanken alles andere überschatten und kein Raum mehr für Positives mehr übrigbleibt. Solche Situationen begegnen Ihnen mehrmals am Tag. Da ist beispielsweise die Kollegin oder der Kollege aus der anderen Abteilung. Sie rauschen an Ihnen vorbei ohne „Guten Morgen!" zu sagen. Was ist nur los? Was denkt diese Person über Sie? Sie stellen sich bestimmt die Frage, ob Sie etwas falsch gemacht haben, ob es an Ihnen liegt, dass der Kollege oder die Kollegin Sie nicht mag.

Es kommt aber noch viel schlimmer. Denn Ihre negativen Gedanken wirken sich auch auf Ihre Arbeit aus und hemmen Sie in Ihrer Aktion und Reaktion. Sie haben immer wieder den gleichen Gedanken im Kopf und haben keine Möglichkeit, sich auf die wichtigen Dinge und Aufgaben zu konzentrieren. Das passiert Ihnen nicht nur im Job, sondern auch in Ihrem Privatleben. Wenn Sie diese Situation nur allzu gut kennen, neigen Sie zu der sogenannten Rumination.

Der Ausdruck kommt in der Psychologie zum Einsatz und bezeichnet das ständige Wiederholen einer bestimmten Frage. Bei dieser immer gleichbleibenden Fragestellung kommen Sie zu keiner abschließenden Antwort. Genauso lässt sich dieses auch als Gedankenkarussell bezeichnen. Sie drehen Runde um Runde und schaffen es nicht, vom Karussell herunter. Eigentlich ist es ganz gleich, wie diese Situation bezeichnet wird. Die Aussichten sind wenig positiv.

Denn langfristig ergeben sich aus diesem Denkmuster ernsthafte Konsequenzen. Gerade diejenigen, die zu dieser Art von depressiver Stimmung neigen, haben sehr lange etwas von den negativen Gedanken und dem damit einhergehenden unerwünschten Zustand. Emotionen lassen sich nur noch sehr schwer zum Ausdruck bringen, als es eigentlich gewünscht wird. So haben Forscher herausgefunden, dass Frauen tendenziell viel häufiger grübeln als männliche Artgenossen.

Doch warum dreht sich das Gedankenkarussell unaufhörlich um diesen einen bestimmten Gedanken? Es gibt einige Menschen, die mehr als andere dazu neigen, sich selbst in kreisenden Gedanken zu verlieren. Forscher haben einige Persönlichkeitsmerkmale herausgefunden.

Diese liegen bei Menschen vor, die immer wieder in dieses Denkschema verfallen. Dazu gehören:

- Perfektionisten
- Persönlichkeiten die eine neurotische Veranlagung haben
- Menschen, die Ihre Konzentration übermäßig auf die Beziehungen zu anderen Menschen legen

Solche Persönlichkeiten haben im Job oftmals das Nachsehen, weil dieses Denkmuster kontraproduktiv ist. Während eine problemorientierte Denkweise an konkreten Sachverhalten festgemacht wird und eine Ausrichtung auf Lösungen vorliegt, sieht das beim Gedankenkarussell deutlich anders aus.

Diejenigen, die in ihrer Denkschleife festhängen, neigen zu übertriebener Selbstkritik und sind nicht in der Lage, die eigene Person und die Fähigkeiten positiv einzuschätzen. Es gibt aber noch mehr. Jeder, der ständig in negativen Denkmustern festhängt, hat deutlich mehr Stress. Es sind nicht diese täglich stressigen Situationen, sondern der Dauerstress, der auf lange Sicht gesehen krank macht. Darum sollte das Gedankenkarussell nicht nur als schlechte Angewohnheit gesehen werden.

Bei Menschen, die anfällig für negative Gedanken sind, kann diese Angewohnheit zum Burnout führen. Die negativen Auswirkungen sind sogar messbar. Denn die Menschen, die mehr grübeln, schütten deutlich mehr Cortisol aus als diejenigen, die weniger nachdenken. Und Cortisol ist ein Hormon, welches krank macht.

Negative Gedanken belasten Körper, Geist und Seele

Am Tag gehen Menschen circa 60.000 – 80.000 Gedanken durch den Kopf. Von diesen vielen Gedanken ist ein Großteil negativ, auch wenn Sie sich dessen gar nicht bewusst sind. Und sie schaffen es bei Ihnen ein schlechtes Gefühl zu erzeugen. Wenn Sie einmal darüber nachdenken, sind grundsätzlich nicht die Geschehnisse und Situationen in Ihrem Umfeld, die Traurigkeit, Wut, Angst oder Nervosität hervorrufen, sondern Ihre Denkweise und Einschätzung, die sich zu diesem speziellen Ereignis einstellen.

Gedanken haben eine immense Macht. Wenn diese negativ sind, stellen sie eine große Belastung dar. Ein und dieselbe Ausgangssituation lässt sich nämlich auf ganz unterschiedliche Art und Weise interpretieren. Es ist nicht die Ausgangssituation, sondern Ihre Bewertung, die bestimmte Gefühle herruft.

Ein kleines Beispiel: Ein Freund sagt die Verabredung mit Ihnen ab. Jetzt können Sie denken, dass Ihr Freund abgesagt hat, weil er nicht so großes Interesse an Ihnen hat.

Mit diesem Gedanken fühlen Sie sich einsam und sind traurig. Denken Sie aber, dass Ihr Freund keine Zeit hat, weil er vielleicht einen wichtigen Termin vergessen hat und selber darüber traurig ist, Ihnen absagen zu müssen, brauchen Sie keine Traurigkeit zu empfinden. Sie können sich einfach auf die nächste Verabredung freuen.

Zitat: *„Nicht die Dinge machen uns zu schaffen, sondern die Art und Weise, wie wir diese wahrnehmen."* Epiktet

Ihre Gedanken haben großen Einfluss darauf, wie Sie sich fühlen. Fehlerhafte, belastende Gedanken führen sogar zu Angststörungen und einer Depression. Dazu gehören beispielsweise

- Muss-Gedanken beziehungsweise absolute Forderungen wie beispielsweise Sie müssen, die anderen müssen
- negative allumfassende Selbst- und Fremdbewertung (Ich bin nichts wert)
- Katastrophendenken (es wäre absolut schrecklich, wenn...)
- niedrige Frustrationstoleranz (ich halte es nicht aus, wenn...)

Pessimisten und ihre negative Denkweise

Pessimisten neigen zu negativem Denken, denn sie rechnen mit dem Schlimmsten oder zumindest mit einem negativen Ausgang. Sie sehen nur schwarz oder weiß, aber die vielen Schattierungen dazwischen, sehen sie nicht. Für Sie stellt sich auch nicht die Frage, ob das Glas halb leer oder halb voll ist. Für sie ist das Glas immer halb leer! Menschen mit einer pessimistischen Einstellung sehen alles nur negativ. Für Sie ist das eine Art Schutz.

Denn wer mit dem Schlimmsten rechnet, ist oftmals etwas besser auf einen negativen Ausgang vorbereitet und kann nicht enttäuscht oder verletzt werden. Die Geisteshaltung von denjenigen, die alles nur schwarzsehen und negative Gedanken haben, hat tiefe Wurzeln und birgt große Gefahren. Denn es stellt sich nicht nur immer dieses negative Gedankenkarussell ein, sondern Zukunftsangst, die diese Personen daran hindert, über den Tellerrand hinauszuschauen. Doch grundsätzlich gilt:

„Sie sind bedeutend mutiger, als Sie selbst glauben; Sie sind bedeutend stärker, als es scheint; Sie sind bedeutend klüger, als Sie denken und wertvoller, als Sie meinen. Es ist Ihre Denkweise, die Sie limitiert!"

Pessimismus und Optimismus – Ein Ausflug in die Psychologie

Wenn Pessimismus einmal unter psychologischen Aspekten betrachtet wird, ist dieser zunächst nichts anderes als eine Lebenseinstellung oder eine Geisteshaltung, in denen es keine Hoffnung und positiven Erwartungen gibt. Ein Pessimist geht davon aus, dass alles, was er anpackt, seine Handlungen und Aktionen, einen negativen Ausgang haben werden. Im Beruf wirkt sich diese Denkweise in der Hinsicht aus, dass der Pessimist davon ausgeht, dass eine Aufgabe gar nicht geschafft werden kann oder das Ergebnis nur unzureichend ist.

Worauf begründen sich diese negative Einstellung und die damit einhergehenden schlechten Gedanken? Für eine pessimistische Einstellung werden in der Regel zwei Ursachen zugrunde gelegt:

1. Schutzfunktion gegen Enttäuschungen: Viele Menschen mit einer negativen Denkweise und pessimistischen Einstellung sagen selbst, dass diese Einstellung zum eigenen Schutz dient.

Sie haben bereits das Scheitern mit einkalkuliert.
Optimisten hingegen sind enttäuscht und frustriert, wenn
ihre Erwartungen nicht erfüllt werden.

2. Das Ergebnis von negativen Erlebnissen: Der
Ursprung von Pessimismus beruht oft auf negativen
Erfahrungen, die im Laufe des Lebens gemacht wurden.
Sie werden verallgemeinert und auf alle Bereiche
projiziert, ganz gleich, ob in privater oder beruflicher
Hinsicht.

Eine andere Erklärung lautet folgendermaßen: Es gibt
einen persönlichen Erklärungsansatz, der nicht die
negativen Erfahrungen selbst, sondern den jeweiligen
Umgang in den Vordergrund stellt.

Demnach wird nicht nach dem Ursprung des Pessimismus
in den negativen Erfahrungen und deren Intensität oder
Häufigkeit gesucht. Der Umgang mit diesen Erlebnissen
ist dabei der wichtigste Faktor für eine pessimistische
Denkweise.

→ Pessimisten machen sich selbst für Ihre
  Misserfolge verantwortlich und schieben
  Erfolge auf äußere Einflüsse.

→ Optimisten sehen den Grund für Ihren Erfolg
  in ihrer eigenen Person und Misserfolge
  werden auf äußere Einflüsse geschoben.

Bemerkenswert ist allerdings, dass der Pessimismus als intelligenter eingestuft wird als der Optimismus. Die Devise lautet: „Pessimisten haben recht und Optimisten haben Spaß!"

Dem Optimisten wird gerne nachgesagt, dass er naiv ist und die Welt durch eine rosarote Brille betrachtet. Der Pessimist hingegen wird als Realist und smarter Kritiker eingestuft, da er mit allen erdenklichen Befürchtungen und Unwägbarkeiten rechnet. Er ist der negativ Denkende, der Skeptiker, während der Optimist die Hoffnung und den Glauben nicht aufgibt. Befürchtungen, Skepsis und Zweifel sind aber nichts anderes als wilde Spekulation. Das wird vielfach übersehen. Genauso wird nicht gesehen, dass negative Gedanken auf Dauer ausbremsen, sowie Körper, Geist und Seele belasten.

Es entsteht großes Misstrauen, Ängste, Verbitterung und
Niedergeschlagenheit, die sogar in einer Depression
enden können. Anhand von Untersuchungen wurde sogar
festgestellt, dass das Immunsystem durch negative
Gedanken geschwächt wird. Pessimisten erkranken daher
viel häufiger an Infektionskrankheiten als Optimisten.

Das Problem mit der selbsterfüllenden Prophezeiung

In Bezug auf den Pessimismus bedeutet das nichts anderes, dass negativ denkende Menschen förmlich auf die Suche danach gehen, was alles schieflaufen könnte. Durch die Fokussierung und daraus entstehende Haltung tritt der negative Aspekt auch ein. Treten die negativen Dinge nicht ein, werden diese als Ausnahme abgetan, die nicht die Regel bestätigen.

Für dieses Phänomen gibt es eine Vielzahl von Beispielen. Zum Beispiel Prüfungssituationen, in denen sich mit Inbrunst eingeredet wird, dass die besagte Prüfung nicht bestanden wird. Durch diese negativen Gedanken wächst die Wahrscheinlichkeit, dass der Prüfungsteilnehmer durchfällt.
Damit erfolgt eine Beeinflussung des Unterbewusstseins, die dazu führt, dass die Prophezeiung wirklich eintritt.

Pessimisten haben daher fast immer die Haltung, dass sie beim Eintreten des Schlimmsten nicht mehr überrascht sind, weil sie ja bereits den Ausgang vorhergesehen haben und dementsprechend vorbereitet waren.

Negative Gedanken und ihr Ursprung

Wer sich nicht länger von negativen Gedanken beeinflussen lassen möchte, muss sich von den alten Denkmustern und Lebenseinstellungen verabschieden. Dieses gelingt mit einer kognitiven Umstrukturierung. Dabei geht es darum, die eigene Einstellung einer genauen Prüfung zu unterziehen. Falsche und schlechte Gedanken lassen sich dadurch entlarven und werden gegen hilfreiche, unterstützende Gedanken ausgetauscht. Das funktioniert,

- indem Sie sich die negativen Gedanken („nie gelingt Ihnen etwas") ganz bewusst vor Augen führen.
- Überprüfen Sie, ob Ihnen der Gedanke hilft und gut für Sie ist. („Ich fühle mich furchtbar, wertlos und wie ein Versager und möchte mich am liebsten nur noch verkriechen.")
- Hinterfragen Sie Ihre Denkweise, indem Sie sich die Frage stellen, ob das wirklich so ist und ob Sie das Belegen oder Beweisen können. („Ich bin zwar durch die Meisterprüfung gefallen, habe aber im Endeffekt die Gesellenprüfung eigentlich ganz

gut gemeistert." „Neulich habe ich einen großen Fehler gemacht. Doch die Zahlen und Umsätze im letzten Monat konnten sich wirklich sehen lassen.")

- Schauen Sie nach alternativen Gedanken. Die Medaille hat nämlich immer zwei Seiten. Darum sollten Sie schauen, ob Sie die Situation nicht anders sehen können. Es gibt immer eine andere Sichtweise, genauso wie es immer den anderen Blickwinkel eines anderen Menschen auf die Situation gibt. („In meinem Leben ist mir einiges gelungen und einiges ist schiefgelaufen. Ob ich die neue Herausforderung meistern kann, weiß ich nicht im Voraus. Das finde ich nur heraus, wenn ich die Herausforderung annehme. Auf jeden Fall kann ich daraus etwas lernen.")
- Nutzen Sie die veränderte Denkweise in Ihrem Alltag. Damit schaffen Sie es, negative Gedanken zu eliminieren. Sie sehen belastende Situationen und neue Herausforderungen in einem ganz anderen Licht, wodurch sich das Katastrophendenken relativiert.

Auf diese Weise werden Sie Herr Ihrer Selbstzweifel und schaffen es, dem inneren Kritiker die Stirn zu bieten.

Ihre neu gefundene Stärke beschert Ihnen Lebensfreude und pusht das Selbstbewusstsein. Sie haben selbst bemerkt, wie lähmend negative Gedanken sein können. Sie belasten aber nicht nur und töten jegliche Lebensfreude ab, sondern erzeugen eine Sichtweise, die an der Realität vorbeigeht. Darum gibt es immer wieder die Empfehlung, negative Gedanken durch positive auszutauschen. Theoretisch klingt das nach einer genialen Idee. In der praktischen Umsetzung funktioniert das leider nicht so einfach, da sich negatives Denken nicht einfach in eine positive Denkweise umwandeln lässt. Es gibt keine Fee, die mit ihrem Zauberstab Glitzerstaub verstreut und alles ist plötzlich anders. Eine schlechte, unschöne Denkweise lässt sich auch nicht per Knopfdruck ausschalten.

Woher kommen eigentlich die negativen Gedanken?

Vielleicht haben Sie schon einmal darüber nachgedacht, wie schön das Leben sein könnte, wenn plötzlich das Gedankenkarussell stoppt und die störenden Gedanken schlagartig nicht mehr vorhanden wären. So paradox das auch in Ihren Ohren klingen mag: Negative Gedanken haben auch eine positive Seite! Sie...

- sind eine Warnung vor möglichen Gefahren.
- helfen dabei, dass Sie Risiken besser einschätzen können.
- ermöglichen, dass Sie sich auf bestimmte Situationen besser vorbereiten können.
- helfen dabei, sich selbst und die Welt mit mehr Realismus zu betrachten.

Auch wenn eine negative Denkweise sehr belastend ist und Sie das Gefühl haben, nichts dagegen unternehmen zu können, haben sie trotz allem einen hohen Stellenwert. Gäbe es diese Warnsignale nicht, würden Sie Risiken nicht erkennen, Gefahren nicht die nötige Priorität einräumen, Herausforderungen nicht mit Bedacht angehen und blauäugig ins Unglück rennen.

Die eigene Gedankenwelt und Denkweise werden durch das Umfeld und die Erziehung zu einem gewissen Maß beeinflusst. Die Manipulation erfolgt durch

- ➡ Ihre Kindheit und die Eltern
- ➡ Bekannte und Freunde in Ihrem Umfeld
- ➡ den Lebenspartner
- ➡ Erfahrungen, die Sie in der Schule gesammelt haben
- ➡ Fernsehen, Internet und Social-Media-Kanälen

Wenn Sie beispielsweise von Ihren Eltern und Lehrern immer zu hören bekommen haben, dass Sie dumm sind und nichts können, haben Sie garantiert große Zweifel an sich selbst und trauen sich nichts zu. Haben Sie als Kind Ablehnung von anderen Kindern erfahren, kann sich der Glaube einstellen, dass Sie nicht gemocht werden. Wie bereits erwähnt, werden Menschen durch Erfahrungen im Leben geprägt. Selbst diejenigen, die fast immer nur gute Erfahrungen gemacht haben, kennen Sorgen, Selbstzweifel und eine negative Denkweise.

Jeder Mensch hat negative Gedanken und diese Denkweise beruht auf der menschlichen Evolution.

Früher, vor vielen Tausend Jahren war das Leben deutlich gefährlicher als heute. Während heute eine unpünktliche Lieferung von Amazon dramatische Ausmaße annimmt, ging es damals ums nackte Überleben, da reale Gefahren überall lauerten.

- ➡ Hungersnot
- ➡ eisige Kälte
- ➡ gefährliche Tiere
- ➡ ein verfeindeter Stamm
- ➡ Krankheiten

Wären unsere Vorfahren unüberlegt und sorgenfrei durchs Leben gelaufen, hätte keiner von ihnen überlebt. Eine zu optimistische Denkweise war damals das Todesurteil. Stellen Sie sich doch einfach einmal vor, das Knacken von Ästen auf der Jagd wäre nicht als Gefahr wahrgenommen, sondern als ungefährlich eingestuft worden. Sehr riskant! Denn es könnte durchaus ein feindlicher Krieger oder ein gefährliches Raubtier sein. Sich zu sorgen, vom Schlimmsten auszugehen und vorsichtig zu sein hat sich für unsere Vorfahren ausgezahlt.

Über die vielen Jahre hinweg hat sich von Generation zu Generation die negative Denkweise weiter modifiziert.

Darum machen sich Menschen heute auch so viele Sorgen, haben große Selbstzweifel und Angst vor Dingen, die real keine Gefahr darstellen. Auch wenn die negative Denkweise fest verwurzelt ist, bedeutet das nicht, dass Sie nicht das Lernpotenzial besitzen, um besser mit negativen Gedanken umzugehen. Seien Sie sich aber bewusst, dass sich negative Gedanken niemals komplett ausschalten lassen, auch wenn dies oftmals durch verschiedene Ratgeber versprochen wird. Alle Ihre Gedanken können Sie nicht kontrollieren. Dafür passiert jeden Tag viel zu viel in Ihrem Kopf. Oft sind es unbewusste Gedankenimpulse, die einfach heraussprudeln. Dadurch haben Sie nur geringen Einfluss auf Ihre Gedanken. Denn bei einer Menge von 60.000 bis 80.000 Gedanken am Tag ist eine absolute Kontrolle unmöglich zu bewerkstelligen. Da fällt es sicherlich leichter, die Sandkörner an Stränden in Südfrankreich zu zählen...

Wenn Sie versuchen, alle Gedanken zu kontrollieren, brauchen Sie sich mit nichts anderem mehr zu beschäftigen. Das wollen Sie sicherlich nicht, da das Leben mit vielen schönen Dingen auf Sie wartet. Zudem verstärken sich die Gedanken, wenn Sie die eigenen Gedanken kontrollieren und ändern wollen. Ihren

Verstand können Sie mit einem Kind vergleichen. Je öfter Sie ihm etwas verbieten, desto größer ist der Reiz das Verbotene zu machen.

Auf Ihre Gedanken bezogen bedeutet das: Je öfter Sie den Versuch starten, nicht an eine bestimmte Sache zu denken, desto präsenter tritt der Gedanke in den Vordergrund. Denn Gedanken kehren eher wieder, wenn diese unterdrückt werden. Darum führt positives Denken oftmals dazu, dass diese Menschen noch größere Selbstzweifel bekommen und sich noch schlechter fühlen. Indem Sie versuchen positiver zu denken und negative Denkweisen zu eliminieren, werden diese immer vordergründiger, weil Sie den Fokus noch mehr auf Ihre negativen Gedanken legen.

Ergo: *Durch den Wunsch, positiver zu denken, geben Sie den unschönen Gedanken mehr Freiraum, indem sie wachsen und gedeihen können und die Positiv-Denken-Falle schnappt zu.*

Das Leben wäre deutlich einfacher, wenn Menschen ihre Gedanken komplett steuern könnten. Doch das wäre viel zu einfach und würde keine Herausforderung darstellen!

Damit es Ihnen trotzdem gelingt, negative Gedanken loszuwerden und aus dem Gedankenkarussell auszusteigen, sollten Sie sich mit ihnen identifizieren und einmal genauer hinschauen. Denn im Grunde genommen sind Ihre Gedanken nicht das Problem. Der Knackpunkt ist die Identifikation mit Ihren Gedanken und Ihr Glaube, dass ein Ereignis genauso eintritt, wie Sie es sich in Ihrem Gehirn ausgemalt haben.

Gerade in der westlichen Welt liegt die Fixierung extrem auf dem Verstand. Darum werden Gedanken als Wahrheit gesehen und als Abbild der eigenen Person wahrgenommen. Doch in Wirklichkeit sind es nur Gedanken, die nicht der Wahrheit entsprechen und schon gar nicht Sie selbst darstellen.

Sie können sich jetzt im Spiegel betrachten und sich einreden, dass Sie Batman, Mark Zuckerberg, der Bundespräsident oder ein Außerirdischer sind. Die Realität sieht allerdings anders aus! Viele Denker, Philosophen und Lehrer haben mittlerweile erkannt, dass durch die Identifikation mit den eigenen Gedanken großes Leid heraufbeschworen wird. Einer der bekanntesten ist der spirituelle Lehrer und Buchautor Eckhart Tolle, der in seinem Buch „Jetzt" beschreibt, dass Menschen sich unnötig Leid zufügen, weil sie sich zum Sklaven der eigenen Gedanken machen. Gemäß Tolle liegt der Schlüssel zum Glück darin, dass Menschen in der

Gegenwart leben, also im Hier und Jetzt. Grundsätzlich haben Sie es selbst in der Hand, wie viel Glauben Sie Ihren Gedankenimpulsen schenken. Denn Gedanken sind nur Annahmen, Geschichten und Bilder, die sich in Ihrem Kopf befinden. Sie entsprechen nicht zwangsläufig der Wahrheit. Manchmal steckt aber auch ein Stück Wahrheit in ihnen. Dann gibt es diese Denkweise, die Ihre Meinung über die eigene Person beschreibt. Kennen Sie folgende Gedanken?

➡ Meine Meinung hat keinen Stellenwert und ist unwichtig.

➡ Warum schaffen die anderen das und ich nicht?

➡ Ich bin nicht attraktiv genug.

➡ Ich bin kein sympathischer Mensch.

➡ Ich muss immer freundlich und nett sein.

➡ Keiner hat mich gern.

➡ Ich werde das nicht schaffen.

Genau diese Gedanken sind wie die Versprechen von Gebrauchtwagenhändlern, denen Sie auch nicht alles glauben sollten. Versuchen Sie die Position des neutralen Beobachters einzunehmen und die negativen Gedanken loszulassen.

In der Psychologie wird diese Fähigkeit als „bewusstes Selbst" bezeichnet. Zu finden ist dieses Loslassen von Gedanken auch im Buddhismus. Menschen, die dieses in ihr Leben integrieren, sind in der Lage, sich von unangenehmen Gedankenströmen zu trennen.

Gedanken loslassen, nicht kontrollieren

Wie Sie bereits erfahren haben, entsteht ein Großteil der Gedanken unbewusst. Diese können Sie nicht kontrollieren. Kontrolle gibt es nur bei bewusstem Denken, immer wenn Sie das wollen und die Gedanken genau betrachten. Durch das Betrachten und genaue Hinschauen verlieren die Gedanken einen großen Teil ihrer Macht, da Sie zwischen Ihnen selbst und den Gedanken eine Distanz schaffen und sich nicht mehr damit identifizieren.

Indem Sie Ihre negativen Gedanken nur betrachten, diese nicht verurteilen oder in positives Denken verwandeln wollen, erreichen Sie, dass sie sich früher oder später in Luft auflösen. Immer, wenn negative Gedanken aufkommen, sollten Sie sich in die Position des neutralen Beobachters begeben, ohne zu bewerten, zu verurteilen oder sich darin zu verlieren.

Das funktioniert leider nicht immer, weil es sehr hartnäckige und standhafte Gedanken sind. Üben Sie einen besseren Umgang mit Ihrem negativen Denken und machen Sie sich bewusst, dass unschöne Gedanken und

Gefühle zum Leben dazugehören. Das ist völlig ok! Sie müssen nicht Ihr gesamtes Denken kontrollieren und sich nicht von allen schlechten Gedanken befreien. Pflegen Sie den richtigen Umgang mit Ihren Denkweisen und glauben Sie nicht alles, was Ihnen Ihre Gedanken weiß machen wollen.

Gedanken haben eine große Macht. Doch gibt es Situationen, in denen Denken nicht sonderlich hilfreich ist. Oftmals ist es durchaus nicht der verkehrteste Weg, loszulassen und nicht auf die Gedanken zu hören.

Die Vorteile einer positiven Einstellung

Warum sollte man sich überhaupt die Mühe machen, an seiner Einstellung zu arbeiten? Zusammengefasst: Es tut Ihnen gut! Durch das richtige Maß an Optimismus werden Sie ein glücklicheres Leben führen.

Lesen Sie sich einmal die folgenden Vorteile durch. Danach werden Sie so begeistert sein, dass Sie sich fragen, warum Sie sich nicht schon früher mit diesem Thema auseinandergesetzt haben!

1. Glück

Der wahrscheinlich größte und wichtigste Grund
überhaupt: Das Glücklichsein!
Im Grunde ist das alles, was wir wollen. Egal, ob Ihnen
ein großes Haus und ein teures Auto oder doch ein
bescheidenes Heim und ein zufriedenes Familienleben
wichtig sind:

Am Ende läuft immer alles darauf hinaus, dass Sie
glücklich sind. Es ist also nicht schwer, zu erkennen, dass
Glück regelrecht unser Leben bestimmt.

Als Optimist sind Sie dem glücklichen Leben einen
erheblichen Schritt näher als den meisten anderen um Sie
herum.
Ein Tag hat 24 Stunden. Wenn man 8 Stunden Schlaf
davon abzieht, landet man bei 16 „aktiven" Stunden am
Tag.

Während dieser Zeit treffen Sie unzählige Entscheidungen
und durchlaufen noch mehr Gedankengänge. Bei einer
derartigen Welle an Geschehnissen und Gedanken
entsteht schnell ein Schneeballeffekt.

Was ich damit meine, erkläre ich Ihnen am besten an einem Beispiel: Sie stehen morgens auf und wollen sich einen Kaffee machen, um wach zu werden. Als Sie Ihre Kaffeemaschine auffüllen wollen, stellen Sie fest, dass es gar keinen Kaffee mehr gibt. „Na toll.

Der Supermarkt hat noch nicht offen. Jetzt muss ich mir unterwegs einen Kaffee kaufen. Das bedeutet mehr Zeitaufwand und Geld muss ich auch noch bezahlen!", murmeln Sie schlecht gelaunt vor sich hin. Als Sie etwas später Ihren Kaffee gekauft haben und sich während der Fahrt zur Arbeit eine Zigarette nehmen wollen, blicken Sie in eine leere Schachtel.
Um sich jetzt auch noch eine neue Schachtel zu kaufen, fehlt Ihnen die Zeit. Sie würden mit Sicherheit zu spät kommen. Diese 2 Geschehnisse haben Ihre Laune erheblich verschlechtert. Das führte an diesem Tag zu immer mehr Gute-Laune-Killern.

Das Erstaunliche an einer negativen als auch einer positiven Denkweise ist, dass sie jeweils mehr ihrer Art anziehen. Wenn der Schneeball erst einmal ins Rollen kommt, ist er nur noch schwer aufzuhalten.

Der Tagesablauf hätte auch ganz anders laufen können,
wenn Sie auf positive anstelle von negativen Gedanken
gesetzt hätten: So hätten Sie den nötigen Kauf eines
Kaffees z.B. als ein mögliches Wiedersehen eines
Kassierers, den Sie besonders mögen, sehen können.

Das Sie keine Zigarette im Auto rauchen konnten hätten
Sie auch aus einer optimistischen Sichtweise sehen
können.

Das Fehlen der Zigarette ist gut für Ihre Gesundheit und
Ihr Auto wird nicht den ganzen Tag nach Rauch riechen.

Sie sehen, dass es immer 2 Möglichkeiten gibt. Wenn Sie
alles mit der richtigen, positiven Einstellung
entgegentreten, werden Sie glücklicher durch den Tag
gehen.

2. Besseres Sozialleben

Mit Sicherheit sind Sie auch schon einmal einem sehr negativen Menschen begegnet. Vielleicht haben Sie sogar in Ihrem Bekanntenkreis jemanden, der eigentlich zur Gruppe gehört, aber nie eingeladen wird, weil die Person immer alles runtermacht.

Egal, was Sie unternehmen oder welche Neuigkeiten Sie der Person erzählen, sie gibt Ihnen immer ein schlechtes Gefühl. Anstelle von Begeisterung für ein Erlebnis bekommen Sie nur ein aufgezwungenes Lächeln oder sogar eine Beschwerde, weil es „woanders viel besser gewesen wäre".

Wenn Sie eine gute Nachricht mit der Person teilen, weist sie Sie nur auf die negativen Seiten hin. Und sie findet immer irgendetwas Negatives.

Als Mensch wollen wir glücklich sein und Spaß haben. Daher sind richtige Miesepeter so unbeliebt, mit ihnen ist das einfach nicht möglich.

Wenn Sie Ihre Einstellung in eine positivere verändern, werden das früher oder später auch die Leute in Ihrem

Umfeld bemerken und Sie werden mit großer

Wahrscheinlichkeit neue Kontakte knüpfen oder sogar

alte wiederaufleben lassen.

3. Das „Law of attraction" für sich nutzen

„The law of attraction" oder "das Gesetz der Anziehung" ist eine Annahme, die aus der Lebensberatung kommt und im Allgemeinen auf sehr viel Zustimmung trifft. Im Grunde besagt dieses Gesetz, dass Gleiches gleiches anzieht. Dieses Prinzip wird vor allem auf die Verbindung zwischen der Gedanken- und Gefühlswelt einer Person und dessen Bedingungen in der „echten Welt" angewandt.

Das Gesetz der Anziehung kann man folgendermaßen für sich nutzen: Wenn man seine Einstellung zu etwas ändert und das über eine längere Zeitspanne, wird sich die Realität auf eine positive, gewünschte Weise ändern. Das klingt erst einmal nach etwas zu viel Hokuspokus, ist es aber nicht. Selbstverständlich reichen Gedanken nicht aus, um das Leben eines Individuums nach seinen Wünschen zu verändern.
Erst, wenn den Gedanken Taten folgen wird Veränderung erreicht. Ohne die richtige Einstellung wird die gewünschte Veränderung allerdings auch nicht erreicht. Und darum geht es beim Gesetz der Anziehung. Unsere Gedanken haben einen sehr großen Einfluss auf unser Leben.

Wenn Sie anfangen, positiv zu denken, nutzen Sie also das Gesetz der Anziehung. Durch das Sehen der positiven Dinge werden Sie früher oder später ein positiveres Leben führen.

4. Gesundheit

Wissenschaftliche Studien haben herausgefunden, dass optimistische Menschen tatsächlich ein gesünderes und längeres Leben führen als der Durchschnitt anderer Menschen.

Es wurde herausgefunden, dass positives Denken die Lebenserwartung steigen lässt, vor Erkältungen schützt, das Risiko, an einer Depression zu erkranken verringert, das Risiko für eine Herz-Kreislauf-Erkrankung und anderen Herzerkrankungen senkt, das physische und psychische Wohlbefinden stärkt und in Stresssituationen Leistungsfähiger macht.

Positives Denken für mehr Glück und inneren Seelenfrieden

Mit positivem Denken und dem Loslassen von negativen Gedanken eröffnen sich für Sie ganz neue Aspekte, um wieder nach vorne zu schauen. Denn es gelingt Ihnen, wieder Selbstvertrauen zu erlangen, an Ihren Erfolg zu glauben und die vielen Möglichkeiten zu erkennen. Sie erlangen innere Stärke und gehen Dinge an, die andere Menschen für nicht realisierbar einstufen. Betrachten Sie einmal die großen Erfolge, die Geschichte geschrieben haben. Die Menschen, die an diesen Erfolgen beteiligt waren, haben an den Erfolg geglaubt, die Ärmel hochgekrempelt und besondere Möglichkeiten genutzt. Sie haben schlicht und einfach eine positive Denkweise an den Tag gelegt. Durch eine positive Denkweise eröffnen sich Ihnen ungeahnte Möglichkeiten. Indem Sie negative Gedanken loslassen,

➡ legen Sie den Fokus auf gute Dinge, die Sie glücklich machen. Halten Sie hingegen an negativen Gedanken fest, treten Sie nur auf der Stelle. Misserfolge und vermeintliche Gefahren bremsen Sie aus.

➡ Indem Sie sich gegen schlechte Gedanken
wappnen, erhalten Sie neuen Antrieb, um wieder
aufzustehen, die Krone zurechtzurücken und
weiterzumachen. Ihre Handlungsfähigkeit wird
nicht durch negative Gedanken eingeschränkt.

➡ Negative Gedanken eliminieren ist gut für Körper,
Geist und Seele. Das Immunsystem wird wieder
stark, Selbstheilungskräfte werden angekurbelt
und Sie fühlen sich gesund und fit.

➡ Positive Gedanken und eine optimistische
Denkweise sind die optimale Basis für
persönlichen und beruflichen Erfolg.

➡ Mit guten Gedanken lernen Sie eine ganz wichtige
Lektion. Denn Sie haben das Wissen darum, dass
Sie die eigenen Gedanken loslassen und bis zu
einem gewissen Punkt beeinflussen können. Damit
haben Sie sich ungeahnte Chancen eröffnet.

➡ Durch eine positivere Betrachtungsweise Ihrer
eigenen Person, erlangen Sie wieder mehr
Selbstbewusstsein und ein neues
Selbstwertgefühl.

➡ Sie verschließen sich nicht mehr vor Neuem,
haben das Wissen darum, dass Sie alles erreichen
können und wenn es nicht funktioniert, wagen Sie
erneut den Schritt nach vorne. Indem Sie negative

Gedanken loslassen, eröffnen sich für Sie neue
Horizonte.

➡ Mit positivem Denken schärfen Sie Ihre
Wahrnehmung und die Sinnesorgane. Ängste,
Misserfolge, Rückschläge und schlechte Gefühle
haben keinen Platz mehr, da Sie nicht mehr die
Augen verschließen, sondern bewusst negative
Gedanken als neutraler Beobachter begutachten.

Indem Sie negative Gedanken loslassen, tragen Sie
unbewusst dazu bei, dass sich Ereignisse positiv
entwickeln. Um das zu erreichen, ist Ausdauer,
Selbstreflexion und mentale Stärke wichtig. Doch wer es
schafft, dem inneren Kritiker entgegenzutreten, bekommt
als Belohnung eine ganz neue Sichtweise auf die Dinge.

5 Tipps, um negative Gedanken endlich loszulassen

Die nachfolgenden fünf Tipps sind vielversprechend, wenn Sie an sich selbst glauben und wirklich dazu bereit sind, Ihre negativen Gedanken loszulassen.

1. Glauben Sie an Ihre Fertigkeiten und Fähigkeiten!

Pessimistische und negative Gedanken führen dazu, dass Sie sich selbst schlecht reden und Ihr Können infrage stellen. Der erste Schritt, um negative Gedanken loszulassen ist daher, an Ihre Fertigkeiten und Fähigkeiten zu glauben, sowie sich selbst zu vertrauen. Nur wer in sich selbst Vertrauen hat und mit Selbstbewusstsein an Aufgaben herangeht, kann diesem mit Elan und Optimismus begegnen und gute Leistungen erzielen.

2. Blicken Sie auf Ihre Erfolge und erkennen Sie diese als Ihre an!

Sie haben schon so viel in Ihrem Leben erreicht. Rufen Sie sich diese Dinge ruhig ins Gedächtnis. Diese Verdienste sind „IHRE" Erfolge! Erkennen Sie Ihre eigenen Leistungen an. Wer das nicht macht, redet sich womöglich ein, dass er zu nichts zu gebrauchen ist. Das ist völlig unnötig! Stattdessen stärken Sie mit Ihren Erfolgen das Selbstbewusstsein und schöpfen Sie daraus Kraft, die Sie in weitere neue Projekte einfließen lassen.

3. <u>Verabschieden Sie sich von der Furcht, Fehler zu machen!</u>

Auch wenn Fehler sehr schmerzhaft sein können, gehören sie zum Leben dazu. Darum sollten Sie sich davon nicht abschrecken oder einschüchtern lassen. Es ist nicht schlimm, einen Fehler zu machen. Viel schlimmer ist es, wenn Sie erst gar nicht den Versuch starten, etwas in Angriff zu nehmen. Fehler sind dafür da, um daraus zu lernen und über sich selbst hinauszuwachsen. Wer durch seine Ängste wie gelähmt ist, gerät immer wieder in die gleiche Situation.

4. <u>Akzeptieren Sie, dass es immer Konkurrenz geben wird!</u>

Hören Sie auf, ständig einen Vergleich zwischen Ihnen und anderen zu ziehen. Damit bauen Sie selbst nur großen Druck und immense Erwartungen auf. Negativ denkende Menschen und Pessimisten gehen absolut selbstverneinend mit sich um.

Durch ihre abwertende Einstellung zu sich selbst, setzt sich der Glaube fest, dass sie niemals so gut sind, wie ihre Freunde und Kollegen. Wenn Sie hingegen Konkurrenz akzeptieren, kann dieses auch ein großer Ansporn für Sie sein. Sie entwickeln Motivation, um die eigene Leistung zu verbessern und können daraus sogar noch etwas lernen.

5. <u>Bieten Sie dem Wunsch nach Perfektion keinen Raum!</u>

Ein Auslöser für schlechte, negative Gedanken kann auch der Wunsch nach Perfektionismus sein. Sie haben sich sehr hohe Ziele gesetzt, die Perfektion sehr nahekommen lassen und werden es besonders schwer haben. Denn der Wunsch nach Perfektion löst Frustration und Enttäuschung aus, wenn das Ziel verfehlt wird. Ziele sind wichtig und gut! Allerdings ist es wichtig, dass diese auch realistisch sind.

Ängste: Der Feind einer positiven Gedankenwelt

Ängste sind mitunter dauerhafte Begleiter von negativen Gedanken und haben große Auswirkungen auf das Selbstbild sowie die eigene Einstellung. Sie haben Angst zu versagen, etwas falsch zu machen, nicht geliebt zu werden und fühlen sich wertlos und einsam. Das beschränkt Sie extrem, sodass Sie nicht in der Lage sind, Herausforderungen positiv zu sehen und neue Dinge auszuprobieren. Es gibt unterschiedliche Ausprägungen von Angst. Fachleute sind sich sogar darüber einig, dass negative Gedanken und Ängste nicht nur in einer engen Verbindung stehen, sondern je nach Ausprägung enormen Einfluss auf die Lebensqualität haben. Menschen, die sich mit negativen Gedanken belasten, tragen früher oder später einen gesundheitlichen Schaden davon. Angst wird von Fachleuten in folgende Kategorien unterteilt:

1. **Furcht:** Furcht ist an erster Stelle der Liste und wird als ein Gefühl von Gefahr oder Bedrohung beschrieben. Sie ist wichtig, um Gefahren zu erkennen, Schaden abzuwehren und Situationen zu vermeiden, die schlecht für Sie sind.

2. **alltägliche Angst:** Sie ist die gesteigerte Form von Furcht und stellt sich als Bedrohung dar. Immer wieder werden Sie mit ihr konfrontiert, wenn Situationen scheinbar nicht mehr kontrollierbar sind.

3. **existenzielle Angst:** Sie gehört zum Leben dazu und wird Ihnen immer wieder begegnen. Sie umfasst die Angst vor dem Tod, vor Einsamkeit, vor dem Verlust der Selbstbestimmtheit und der Beschneidung Ihrer Freiheiten.

4. **neurotische Angst:** Sie kommt zum Ausdruck, wenn Sie beispielsweise Angst vor Ablehnung verspüren. Fachleute sehen diese Angstform als Übergang zu krankhaften Ängsten. Sigmund Freud hat diese Angst treffend definiert. Denn er beschreibt diese Angst als eine Gefahr, die der Mensch bisher noch gar nicht kennt.

5. **Phobien:** Sie sind die Angstformen, die beim Menschen große Angst vor konkreten Dingen oder Situationen erregen. Dazu gehören beispielsweise große Plätze, enge Räume, eine Prüfung, Angst vor sozialem Versagen. Bei den Tieren sind es oft die Spinnen.

6. **Zwangsangst:** Das ist die Bezeichnung für zwanghaftes Verhalten, Handeln und Denken. Menschen, die unter Zwangsangst leiden, haben beispielsweise einen Reinlichkeitszwang, Waschzwang oder leiden unter zwanghafter Ordnung.

7. **Traumatische Ängste** beruhen auf Situationen, die psychisch nicht verarbeitet oder verhindert werden konnten. Dazu gehören Unfälle, plötzlich auftretende schwere Erkrankungen, massive Gewalt und Naturkatastrophen. Die Angstzustände treten immer wieder auf, selbst wenn Jahrzehnte zwischen dem Ereignis und heute vergangen sind. Fachleute bezeichnen solche traumatischen Ängste als „Flashback".

8. **Generalisierte Ängste:** Sie begleiten Betroffene 24 Stunden täglich. Sie stehen morgens mit diesem Angstgefühl auf und gehen abends damit ins Bett. Für diese anhaltenden Angstzustände gibt es keine erkennbaren Auslöser oder es sind viele Auslöser

zusammen, die diese Angst schüren und zum Dauerzustand machen.

9. **Panikattacken:** Sie treten plötzlich und unerwartet auf oder haben einen konkreten Auslöser. Diese plötzliche panische Angst dauert in der Regel nicht länger als ein paar Minuten und ruft heftige körperliche sowie psychische Reaktionen hervor.

10. **Ängste in Verbindung mit einer Persönlichkeitsstörung:** Sie treten auf, weil Betroffene Angst davor haben, das „Ich" und die eigene Identität zu verlieren. Daraus ergibt sich ein Verlust der inneren Stabilität, die wichtig für innere Stärke, Selbstvertrauen und das Selbstbewusstsein ist.

Diese 10 Ängste sind nur ein Teil der Angstzustände, von denen Menschen in Ihrem Leben begleitet werden. Vielfach entstehen diese Ängste aus negativen Gedanken. Darum ist es von großer Bedeutung, dass Sie Ihrer Denkweise genauer betrachten und herausfinden, worauf sich diese Gedanken begründen. Ist Ihre Angst eine **Urangst**, die zum Leben dazu gehört und Sie vor Gefahren und gefährlichen Situationen schützt, damit Sie nicht zu Schaden kommen?

Dann wird diese Angst durch Ihren Instinkt gesteuert. Sie sichert das Überleben und schützt Sie vor Verletzungen, Schmerzen und dem Tod.

Oder ist es fiktive Angst, die Sie empfinden? Dann beruht sie nur auf Ihrer Einbildung und wird durch Ihre negativen Gedanken noch zusätzlich geschürt. In jeder Situation spielt Ihnen Ihre Fantasie böse mit, weil schreckliche Bilder erzeugt werden, die sich in Ihren Gedanken ausbreiten. Sie vernebeln jeden anderen Gedanken und entsprechen in keinster Weise der Realität. Sie haben nichts mit der Urangst gemeinsam.

Diese fiktiven Ängste sorgen dafür, dass Sie sich nutzlos und wertlos fühlen und an sich selbst zweifeln. Genau an diesen Ängsten können Sie arbeiten, indem Sie die dazugehörigen Gedanken loslassen, neutral betrachten und ihnen dadurch die Kraft nehmen.

Die Horrorszenarien sind nur in Ihrem Kopf. Es gibt keine Garantie dafür, dass genau diese Situation im realen Leben eintrifft. Aus Ihrer Angst heraus, haben Sie diese negativen Bilder in Ihren Gedanken erzeugt.

Indem sie sich positive Bilder vorstellen und einen guten Ausgang, beispielsweise bei einem Gespräch mit dem Chef erzeugen, kann Sie Ihre Angst nicht überwältigen und Selbstzweifel heraufbeschwören. Um fiktive Angst in den Griff zu bekommen, gibt es verschiedene Methoden.

7 Methoden, um fiktiven Ängsten entgegenzuwirken

Um die fiktive Angst zu bekämpfen, setzen diese 7 Methoden an der Stelle an, wo Ihre Angst entsteht – in Ihrem Kopf.

1. Gehen Sie mit dem Reality-Check gegen Ihre Angst vor!

Wenn Sie Ihre Furcht und Angst einmal genauer betrachten, erkennen Sie schnell, dass es überhaupt keinen Grund dafür gibt und das Angstgefühl völlig übertrieben ist. Denn die schrecklichen Bilder in Ihrem Kopf sind nur aus Ihrer Denkweise und Einstellung heraus entstanden und haben mit der Realität nichts gemeinsam. Dementsprechend ist Ihre Angst völlig unbegründet. Anhand folgender Beispiele werden Sie das selbst erkennen:

Beispiel 1: *Sie haben große Angst einen Fehler zu machen.* Jeder Mensch macht Fehler und ist nicht davor gefeit. Verändern Sie einmal Ihre Sicht auf die Dinge und betrachten Sie die andere Seite der Medaille.

Ist Ihnen ein Fehler unterlaufen, können Sie diesen zu jeder Zeit korrigieren.

Beispiel 2: *Sie haben große Angst vor Veränderungen.* Sind Veränderungen wirklich so schrecklich und gefährlich? Nein! Denn sie bieten Ihnen die Möglichkeit, eine neue Betrachtungsweise zu erlangen, sich weiterzuentwickeln und den vorhandenen Horizont zu erweitern. Durch Veränderungen schauen Sie über den Tellerrand hinaus und können sogar daran wachsen.

Beispiel 3: *Sie haben Angst davor, anderen Personen Grenzen aufzuzeigen.* Jeder Mensch hat Grenzen, die von anderen nicht überschritten werden dürfen. Zeigen Sie ruhig Ihre Grenzen auf und machen Sie deutlich, wo diese Grenzen sind. Damit zeigen Sie innere Stärke und Selbstbewusstsein. Ihr Gegenüber weiß genau, wie weit er gehen kann, und dass sein Verhalten unangemessen war.

Beispiel 4: *Sie haben Angst vor Neuem.* Nur durch neue Dinge und Gegebenheiten können Sie sich weiterentwickeln, weil Sie sich trauen, etwas Neues auszuprobieren. Obwohl sich die Angst sehr echt anfühlt, ist sie nur in Ihren Gedanken.

Sie können gar nicht vorhersehen, wie sich die Sache entwickeln wird und was auf Sie zukommt. Beschreiten Sie den Weg in neue Gefilde. Sie werden nachher feststellen, dass es für Ihre Ängste und Befürchtungen gar keinen Grund gegeben hat.

Beispiel 5: *Sie haben Angst davor, anderen einen Blick auf Ihre wahre Persönlichkeit zu gewähren.* Es passiert nichts Dramatisches, wenn Sie Ihr wahres Ich, Ihre echte Persönlichkeit zeigen. Jeder Mensch hat eine eigene Individualität. Sie werden erleben, dass sich plötzlich die Spreu vom Weizen trennt und nur noch Menschen übrigbleiben, die Ihre Persönlichkeit schätzen und denen Sie wichtig sind.

Beispiel 6: *Sie haben Angst, zu anderen Menschen Kontakt aufzunehmen.* Sprechen Sie ruhig andere Menschen an. Es kann Ihnen nichts Schlimmes passieren, außer dass diese Personen Ihnen ablehnend gegenübertreten. Das ist zwar kein tolles Gefühl, zeigt Ihnen aber sofort, dass Respekt bei diesen Menschen keinen Stellenwert hat. Solche Menschen sind Gift. Ablehnung zu erfahren ist zwar nicht schön, es entsteht allerdings kein größerer Schaden dadurch!

Beispiel 7: *Sie haben große Angst vor Misserfolg.* Scheitern und Misserfolge fügen Ihnen keinen körperlichen Schaden zu. Vielleicht haben Sie in Ihren Gedanken beides selbst heraufbeschworen. Niederlagen und Herausforderungen sind dafür da, um daran zu wachsen, besser zu werden und neue Sichtweisen zu erlangen. Also fangen Sie mit den Erkenntnissen wieder von Neuem an und gehen Sie Ihren Weg.

Beispiel 8: *Sie haben Angst vor dem Alleinsein.* Sie brauchen keine Angst vor dem Alleinsein zu haben. Denn es gibt einen kleinen, aber feinen Unterschied zwischen Alleinsein und Einsam sein. Außerdem hat Alleinsein ganz besondere Vorzüge. Sie können sich ganz auf sich selbst konzentrieren und diese Zeit in vollen Zügen genießen. Sortieren Sie Ihre Gedanken oder erfüllen Sie sich die Wünsche, die Sie schon lange hegen.

Beispiel 9: *Sie haben Angst davor, was andere Personen über Sie denken.* Diese Angst ist unberechtigt, sinnlos und kontraproduktiv. Was andere über Sie denken, kann Ihnen völlig egal sein. Außerdem haben die meisten Menschen genug mit sich selbst zu tun und gar keine Zeit dafür, sich gedanklich mit Ihnen zu beschäftigen.

Beispiel 10: *Sie haben Angst vor vielen Menschen zu sprechen, Vorstellungsgesprächen oder eine Präsentation zu halten.* Das Einzige, was Ihnen passieren kann, sind Zuhörer, die den Kopf schütteln, Ihnen ins Wort fallen und anstatt zu applaudieren, einfach den Raum verlassen und gehen. Gerade wenn Sie vor vielen Menschen sprechen müssen, sollten Sie bei den Zuhörern ein positives Bild erzeugen und mit Ihrer Rhetorik überzeugen. Selbst große Persönlichkeiten mussten das erst lernen. Darum brauchen Sie keine Angst davor zu haben.

Auch wenn sich bei diesen Ängsten ein unangenehmes, sehr reales Gefühl einstellt, sollten Sie sich immer im Klaren darüber sein, dass Sie selbst diese Gefühle durch Ihre negativen Gedanken erzeugt haben. Sobald Sie die Erkenntnis haben, was schlimmstenfalls passieren kann, merken Sie, dass die negativen Gefühle nur auf Ihren eigenen Gedanken beruhen und nicht Realität sind. Damit verlieren Ihre Gedanken die kraftvolle Wirkung und sind auf einmal nur noch ganz klein.

2. Erzeugen Sie andere positive Bilder in Ihrem Kopf!

Zusätzlich zum Reality-Check sollten Sie die gedanklichen Bilder positiv verändern. Auch wenn Sie es vielleicht nicht glauben – Sie selbst können Einfluss auf Ihre Gedanken nehmen und diese in die richtige Bahn lenken.

Stellen Sie sich jetzt beispielsweise einen traumhaften Sonnenuntergang, bei lauen Temperaturen am Meer, vor. Wetten, dass Sie diesen gerade vor Ihrem inneren Auge sehen! Alles, was Sie brauchen, um Ihre Gedanken positiv zu beeinflussen, ist das Wissen darum, dass Sie selbst für Ihre Gedanken die Verantwortung tragen. Sobald sich ein Gefühl der Angst einstellt, sollten Sie die Gedankenbilder genauer betrachten und bewusst wahrnehmen, um diese herauszufiltern und zu löschen. Dafür verkleinern Sie das Bild, machen es unscharf, zerreißen es oder übermalen es mit bunten leuchtenden Farben. Je öfter Sie das machen, desto leichter fällt es Ihnen. Versuchen Sie die negativen Darstellungen durch positive Bilder zu ersetzen. Mit Ihrer Vorstellungskraft sind Sie in der Lage, die Wahrnehmung positiv zu beeinflussen. Die positiven mentalen Bilder sind die beste Geheimwaffe gegen Ihre Angst.

3. Versuchen Sie Ihre Gedanken zu beherrschen!

Je bewusster Sie sich Ihren negativen Gedanken werden, desto besser gelingt es Ihnen, diese positiv zu beeinflussen. Eine tolle Möglichkeit dafür ist die Meditation. Damit sind Sie in der Lage, das Gedankenkarussell anzuhalten, auszusteigen und die negativen Gedanken und Emotionen loszulassen. Sie schenken wichtigeren Dingen Ihre Aufmerksamkeit und kommen zur Ruhe. Dafür brauchen Sie keine langen Meditationssitzungen, ein paar Minuten pro Tag reichen schon aus. Meditation beschert Ihnen zudem ein positives Körpergefühl, das eine große Wirkung gegen Ihre Ängste hat.

Merke: *Wer sich locker und entspannt fühlt, kann nicht gleichzeitig ein Gefühl von Angst haben!*

4. Erfolge sind die Superwaffe gegen Angst!

Mit Ihren Erfolgserlebnissen lässt sich Angst sehr gut bekämpfen. Immer, wenn sich das Gefühl von Angst einstellt, sollten Sie sich Ihre Erfolge vor Augen führen. Wenn Sie die momentane Angst überwunden haben, sind die negativen Gefühle beim nächsten Mal weniger stark.

Sie haben verstanden, dass Ihnen nichts Schreckliches passieren kann und entwickeln daraufhin wieder Selbstvertrauen. Nutzen Sie dieses Wissen und gehen Sie schrittweise vor, dann können Sie sich auch bald Ihren großen Ängsten stellen.

Nutzen Sie zum Bekämpfen der Angst frühere Erfolgserlebnisse und rufen Sie sich die damaligen positiven Gefühle zurück ins Gedächtnis. Es gibt sicherlich auch Situationen, in denen Sie sich Ihrer Angst gestellt haben. Tauchen Sie in dieses positive Gefühl gedanklich ein. Selbst die kleinen Dinge haben einen riesigen Effekt. Alleine die Gewissheit, dass Sie der Angst in einer bestimmten Situation die Stirn geboten haben, bereitet Ihnen ein gutes Gefühl. Erinnern Sie sich immer wieder an solche Situationen und manifestieren Sie die Gedanken und Emotionen in Ihrem Gedächtnis. *„Sie schaffen alles, egal was auch passieren mag!"* Mit diesem Satz erreichen Sie, dass Sie vor nichts mehr Angst haben brauchen.

5. Stellen Sie sich zusammen mit einer Vertrauensperson Ihren Ängsten!

Wenn Sie sich alleine Ihren Ängsten stellen, können diese mitunter größer werden. Sie empfinden beispielsweise deutlich mehr Angst, wenn Sie vor einem großen Publikum alleine eine Rede halten müssen. Warum nehmen Sie nicht eine Person Ihres Vertrauens mit?

Eine Vertrauensperson oder eine Gruppe sorgt für Sicherheit und Halt. Sie fühlen sich stärker und können Ihre Angst sogar überwinden. Suchen Sie sich Personen, die nicht die gleichen Ängste mit Ihnen teilen oder solche, die Ihre Ängste bereits überwunden haben. Diese Personen sind für Sie der Anker. Denn sie zeigen Ihnen, dass Sie sich ruhig Ihren Ängsten stellen können und dabei keine Welt zusammenbricht.

6. Handeln Sie, um Ihren negativen Gedanken entgegenzuwirken!

Je mehr Sie sich in negative Gedanken hineinsteigern, desto schlimmer wird sich die Angst darstellen. Denn Sie verschwenden wertvolle Energie in die negativen Bilder, die Sie durchaus sinnvoller verwenden können.

Bevor Sie alle Energie verbraucht haben, sollten Sie Gas geben und auf die Überholspur wechseln, um nicht noch mehr Kraft in schlimme Gedanken zu investieren und schreckliche Szenarien heraufzubeschwören. Das heißt nicht, dass Sie sich bewusst der Gefahr aussetzen sollen. Vielmehr ist damit gemeint, dass Sie Ihre Gedanken auf ein Minimum reduzieren und sich die Frage stellen, ob von der Situation eine Gefahr ausgeht. Anschließend wagen Sie den Schritt nach vorne:

- Unterhalten Sie sich mit den überaus interessanten Menschen, die Ihnen auf der Konferenz begegnen, ohne sich vorher 1000 Gedanken zu machen, wie Sie das Gespräch anfangen sollen. Es gibt kein falsch oder richtig! Das Einzige, was passieren kann, dass die ausgewählte Person kein Interesse an einem Gespräch mit Ihnen hat.
- Besuchen Sie eine Karaoke-Bar, gehen Sie auf die Bühne und schnappen Sie sich das Mikrofon, bevor sich in Ihrem Kopf negative Gedanken einstellen und Sie darüber nachdenken, wie das Publikum auf Ihre Darbietung reagieren könnte.

Stellt sich eine Situation ein, sollten Sie nicht grübeln, sondern sofort mutig zugreifen und aktiv werden. Damit verhindern Sie, dass überhaupt negative Gedanken aufkommen.

7. Spüren Sie den Schmerz der negativen Gefühle mit jeder Faser Ihres Körpers!

Angst ist kein schönes Gefühl. Darüber sind wir uns alle einig. Doch welche Alternativen gibt es, um diesem Gefühl und dem Schmerz entgegenzuwirken? Ihre Angst ist so groß und verhindert, dass Sie neue Wege ausprobieren und über den Tellerrand hinausschauen wollen. Stellen Sie sich Ihrer Angst und spüren Sie den Schmerz. Das erreichen Sie, wenn Sie sich gedanklich vorstellen, wie Ihr Leben verlaufen wird, wenn Sie sich nicht Ihrer Angst und den negativen Gedanken stellen. Versuchen Sie die Gefühle und Empfindungen richtig zu spüren. Halten Sie sich dabei vor Augen,

- ➡ was Ihnen durch Ihre Angst alles entgeht,
- ➡ welche Erfahrungen Ihnen vorenthalten bleiben
- ➡ welche Einschränkungen der Lebensqualität Sie hinnehmen müssen.

Sie werden erkennen, dass das keine schöne Vorstellung ist!

Jetzt malen Sie sich in Ihren Gedanken aus, wie glücklich und entspannt Ihr Leben ist, wenn Sie endlich Ihre negativen Gedanken loslassen. Produzieren Sie Bilder und zeigen Sie sich selbst, wie viel Freude Sie im Leben ohne Angst haben werden. Sie werden erkennen, dass Sie ohne Angst endlich neue Ziele in Angriff nehmen und diese verwirklichen können. Sie haben das Potenzial in Ihnen, um in ein glückliches, zufriedenes und entspanntes Leben zu starten.

Selbstverständnis entwickeln – ein wichtiger Aspekt der Persönlichkeitsentwicklung

Es gibt dieses Selbstverständnis, mit dem andere Menschen durch das Leben gehen, Entscheidungen treffen und selbst bei einer Fehlentscheidung nicht den Kopf verlieren. Was machen diese Menschen anders und welche Fähigkeiten besitzen sie, dass sie so souverän und gelassen, ja sogar glücklich mit sich selbst sind?

Diese Menschen haben sich mit sich selbst auseinandergesetzt, kennen ihre Stärken und Schwächen und sind mit sich selbst im Reinen. Sie streben nicht nach „höher, schneller, weiter", nur weil andere Personen das von ihnen erwarten. Sie lassen sich auch nicht in eine bestimmte Rolle hineindrängen und lassen erst gar keine Ängste aufkommen. Auf ihrem Lebensweg haben sie gelernt, sich selbst zu reflektieren, Schwächen zu akzeptieren und können diesen sogar etwas Gutes abgewinnen. Gerade zu sich selbst sind diese Personen überaus ehrlich. Wenn Sie selbst beginnen, Ehrlichkeit walten zu lassen, werden Sie feststellen, dass Ihnen Ihr denken und handeln große Rätsel aufgibt, weil Sie sich selbst durch Ihre innere Einstellung und die eigenen

Gedanken manipulieren und damit das Selbstbild in ein ganz anderes Licht rücken. Selbstverständnis hat viel mit „sich selber kennen" zu tun. Doch seien Sie sich bewusst, dass Ihr eigenes „Ich" immer wieder Überraschungen für Sie bereithält und Ihnen klar zu verstehen gibt, dass Sie noch nicht in alle Abgründe geschaut haben.

Stellen Sie sich Ihr Leben als einen großen Saal vor, von dem sehr viele Türen abgehen. In der Mitte steht ein Stuhl, auf dem Sie mit einem großen Schlüsselbund in der Hand sitzen. Sie haben bereits einige der verschlossenen Türen weit aufgemacht und in den dahinterliegenden Raum hineingeschaut, andere sind nur ein Spalt weit geöffnet und wieder andere sind noch fest verschlossen. Jedes Mal, wenn Sie eine Türe öffnen, erfahren Sie ein Stück weit mehr über sich selbst. Und genau diese Informationen tragen dazu bei, dass Sie sich selbst immer wieder ein Stück weit mehr kennenlernen und Selbstverständnis entwickeln. Natürlich gibt es Menschen, die völlig resistent sind und sich durch Erfahrungen mit sich selbst nicht weiterentwickeln wollen oder können.

Doch diese Menschen verschließen sich davor, eine neue positivere Denkweise zu entwickeln, negative Gedanken abzulegen und in ein glücklicheres, zufriedeneres Leben durchzustarten.

Wenn Sie zu der anderen Kategorie gehören und endlich negative Gedanken loswerden möchten, wird Ihnen das auch gelingen. Denn erstaunlicherweise können Menschen sich ändern, die eigene Gedankenwelt beeinflussen und eine positivere Einstellung erlangen. Dafür ist es aber wichtig, dass Sie die Denk- und Handlungsweisen reflektieren, um ein neues Bewusstsein zu erlangen. Durch die Erkenntnis, die Sie dabei erlangen, entwickeln Sie ein neues Selbstverständnis, das auf der Erkenntnis beruht, dass nicht alles nur schlecht ist und einen schlechten Ausgang haben muss. Sie entdecken, dass die Medaille zwei Seiten hat und Sie trauen sich, auch dort einmal genauer hinzuschauen.

Sie erlangen Klarheit darüber, dass Sie durch Ihre eigenen Gedanken bestimmte Situationen heraufbeschwören, anstatt fest daran zu glauben, dass alles einen guten Ausgang nimmt. Geht doch etwas schief, können Sie immer noch nach der Lösung für das Problem suchen.

Und genau das ist weniger dramatisch, als sich selbst einzureden, dass Sie das eh nicht können, Ihnen die Fähigkeiten fehlen und Sie nicht gut genug sind.

Sich selbst ein Stück weit mehr kennenlernen, können Sie, indem Sie die Rückmeldungen auf Ihre eigene Person genauer betrachten. Dazu gehören Reaktionen auf Ihre Äußerungen, Ihre Verhaltensweise und Dinge, die Sie tun und machen. Lassen Sie die Kritik anderer außen vor, sondern schauen Sie nach Ihrer Wirkung und was diese bei anderen Personen auslöst. Ein weiterer wichtiger Gesichtspunkt sollte auch betrachtet werden. Passt Ihr Selbstbild zu dem Bild, das andere von Ihnen haben? Gelingt es Ihnen, Ihre eigenen Ansichten richtig zu vermitteln oder kommt dabei sehr deutlich Ihre negative Denkweise ans Tageslicht?

Es gibt eine wichtige Frage, die Sie sich in Bezug auf das Selbstverständnis und Selbstbild immer wieder stellen sollten. „Warum denke ich negativ und nicht anders?" Die Beantwortung dieser Frage zeigt Ihnen das Kommunikationsmuster, welches Sie für sich selbst festgelegt haben, weil Sie im Leben immer wieder sich selbst in ein negatives Licht gerückt und sämtliche Kompetenz abgesprochen haben.

Es gibt spezielle Muster, die wenig dienlich dafür sind, um negative Gedanken loszuwerden und mehr Selbstvertrauen zu erlangen. Um Ihre Denkmuster zu verändern, benötigen Sie kein konkretes Ziel. Alleine der

Wunsch reicht vielfach schon aus, um sich in Bewegung zu setzen. Bereits der Versuch wird Besseres herbeiführen. Eine große Wirkung erreichen Sie, wenn Sie konkrete Zusammenhänge herausfiltern, analysieren und verstehen. Eine gute Möglichkeit dafür ist eine Analyse Ihres Verhaltens und der eigenen Denkweise. So wird Ihnen klar werden, dass die Frage nach dem „warum" nicht nur die Oberfläche ankratzt, sondern viel tiefer geht.

Es offenbaren sich Ihnen Erkenntnisse, worauf sich Ihre negativen Gedanken und Ihr Pessimismus begründen. Gleichzeitig bekommen Sie Informationen, wodurch sich die negative Einstellung und Denkweise verstärkt. Manchmal sind es andere Menschen und viel öfter Sie selbst, weil Sie aus der Spirale der negativen Gedanken nicht heraustreten können und in der Falle sitzen. Um etwas zu verändern, müssen Sie Kenntnis darüber haben, welche Mechanismen negative Gedanken bei Ihnen auslösen.

Wenn Sie wissen, woher Ihre innere Einstellung und Denkweise kommen, können Sie daran etwas ändern. Wer beispielsweise ein Mensch ist, der sich immer an anderen orientiert und die eigenen Bedürfnisse vernachlässigt, sollte endlich anfangen, einen anderen Weg einzuschlagen und sich von den Menschen im

Umfeld trennen, die Sie in eine bestimmte Richtung drängen und Ihnen weiß machen wollen, dass Sie nicht gut genug sind.

Sich selbst verstehen, negative Gedanken loslassen und den Pessimisten gegen eine optimistische Einstellung austauschen gelingt Ihnen, wenn Sie sich mit Ihren ganz eigenen Ansichten und Neigungen auseinandersetzen und den Blick dafür bekommen, Dinge positiv zu sehen. Mit der veränderten Denkweise können Sie das bisherige Lebensprogramm umschreiben und ganz neue Wege gehen, die Sie aus tiefster Seele glücklich machen.

35 Tipps für mehr Lebensqualität

Zufriedenheit und eine gute Laune gehen mit einem positiven Denken einher. Es wird Ihnen sehr schwerfallen, positiv zu denken, wenn Sie schlecht gelaunt oder komplett unzufrieden sind.

Aus diesem Grund habe ich für Sie die folgenden 35 Tipps zusammengestellt, die Ihr Leben positiv verändern werden!

1. Seien Sie ein ehrlicher Mensch

Auch wenn es so aussieht, als wäre eine Lüge der einzige Ausweg, ist das Lügen dennoch eine schlechte Angewohnheit. Früher oder später fliegt jede noch so gut geplante Lüge durch einen Zufall auf und die Belogenen werden enttäuscht.

Lügen haben noch nie Gutes gebracht und das werden sie auch nie. Wenn Sie Schwierigkeiten haben, ehrlich zu bleiben, versuchen Sie einfach folgendes: Versetzen Sie sich vollkommen in die andere Person hinein. Stellen Sie sich vor, wie Sie sich als Belogener fühlen würden. Wie würde Ihr inneres aussehen, wenn Sie mitbekommen würden, dass Sie belogen wurden? Wahrscheinlich nicht gerade gut. Merken Sie sich, dass Sie genau dieses Gefühl der anderen Person geben werden und überlegen Sie sich dann noch einmal, ob Sie nicht lieber ehrlich bleiben wollen.

2. Seien Sie bescheiden

Egal ob Sie reich sind oder ob Sie zur Mittelklasse gehören, auch Sie werden bestimmt etwas besitzen, worauf Sie stolz sind. Etwas, worüber Sie sehr glücklich sind und mit dem Sie auch gerne mal angeben.

So einen Besitz zu haben ist wünschenswert und macht viele glücklich. Trotz alledem ist es wichtig, dass Sie eine gewisse Bescheidenheit an den Tag legen.

Durch Besitztümer laufen Sie nämlich Gefahr, einen falschen Sinn für Selbstwert und Sicherheit zu entwickeln. Oftmals schleicht sich dann ein Gedanke wie „Ich habe etwas, also bin ich etwas" ein. So ein Gedanke wird nicht als negativ wahrgenommen, bis der mit ihm zusammenhängende Besitz nicht mehr da ist.

Erst dann kommt man zu der Erkenntnis, dass es zwar schön war, es zu besitzen, es aber keine tragende Rolle im Leben gespielt hat. Achten Sie auf die Dinge, die im Leben wirklich wichtig sind und sehen Sie Besitztümer nur als ein angenehmes Plus.

3. Gönnen Sie sich auch mal eine Pause

Der neue Bericht muss bald fertig sein, Ihr Kind hat eine Aufführung in der Schule und das andere Kind braucht dringend Hilfe bei einem Referat, dass es am nächsten Tag halten muss.

Kommt Ihnen so ein enger Terminplan bekannt vor? Manchmal müssen wir einfach alles auf einmal erledigen, sodass keine Zeit für die entspannten Dinge des Lebens bleiben.

Diese sind aber sehr wichtig für das Wohlbefinden. Wer immer nur an die Dinge denkt, die er noch zu erledigen hat, wird kein Spaß im Leben finden, abgesehen davon ist zu viel Stress auch noch nachweislich ungesund. Versuchen Sie also, sich jeden Tag zumindest ein wenig Zeit zur Entspannung zu geben, egal wie viele Sachen es noch zu erledigen gilt.

Und wenn es nur eine kurze Folge Ihrer Lieblingsserie oder ein viertelstündiger Powernap ist, bauen Sie etwas in Ihren Alltag ein, dass Sie von dem Druck des Stresses befreit. Nur auf diese Weise können Sie glücklich und mit positiven Gedanken durchs Leben gehen und dabei auch

noch gesetzte Ziele erreichen.

4. Das Hier und Jetzt

Unsere Gedanken sind wie ein wilder Sturm. Auf eine unberechenbare Weise schießen uns immer wieder alle möglichen Themen in den Kopf. Leider sind diese oftmals mit Sorgen verbunden. Selbst wenn es keine negativen Dinge sind, an die wir denken, können sie trotzdem zum falschen Zeitpunkt kommen und den Moment komplett kaputt machen.

In den 24 Stunden, den ein Tag hat, kann sehr vieles geschehen, sogar manches, dass wir nie wieder erleben werden. Ohne Frage ist also jeder Moment wertvoll.

Aus diesem Grund sollten Sie lernen, in gewisser Weise im Hier und Jetzt zu leben. Mit „in gewisser Weise" meine ich, dass Sie nicht sorglos mit einer „es wird schon alles gut gehen"- Einstellung durchs Leben gehen dürfen. Das würde nur zu negativen Ergebnissen führen. Stattdessen sollten Sie verantwortungsbewusst bleiben, während Sie den Moment in vollen Zügen genießen. Lassen Sie störende Gedanken einfach kommen und gehen, beachten Sie sie erst gar nicht.

Denken Sie immer daran, dass es jeder Moment Wert ist, ihm 100 % der Ihnen zur Verfügung stehenden Aufmerksamkeit zu geben.

5. Bleiben Sie schuldenfrei

Schulden sind ein sehr großes Problem in der heutigen Gesellschaft. Sie geben einem dieses ungute Gefühl, dass man nicht loswird, bis man auch die Schulden losgeworden ist. Sie sind wie ein Ballast, den man den ganzen Tag lang mit sich herumschleppt. Versuchen Sie also unbedingt, schuldenfrei zu bleiben!
Auch wenn es manchmal schwer ist, müssen Sie stark bleiben. Erinnern Sie sich in schwierigen Momenten daran, welch hohe psychische Belastung Schulden mit sich bringen. Ist es das wirklich wert?

6. Bleiben Sie immer authentisch

Wirklich authentische Menschen werden immer weniger. Dabei ist es eine Eigenschaft, die sehr viel Lob verdient hat. Wer sie besitzt, geht zufriedener als andere durchs Leben.

Fangen Sie damit an, sich so zu kleiden, wie es Ihnen
gefällt, nicht wie es andere akzeptieren und steigern Sie
sich dann immer mehr. Sehen Sie ein, dass das Leben zu
kurz ist, um sich für andere Menschen auf irgendeine
Weise zwanghaft zu verändern!
Nicht nur das, manchmal geht fehlende
Selbstverwirklichung auch mit Depression oder anderen
psychischen Krankheiten einher. Bleiben Sie also
unbedingt Sie selbst!

7: Reisen Sie

Ein weiterer Tipp für ein glücklicheres Leben, der Oft
unterschätzt wird, ist der des Reisens. Fremde Orte und
Kulturen zu entdecken, gibt Ihnen ein wunderbares
Gefühl inneren Friedens.

Es muss nicht zwingend eine große Reise über die halbe
Welt sein, es muss nicht einmal ein anderes Land sein.
Das Entscheidende ist, dass Sie sich aus Ihrer gewohnten
Umgebung entfernen und an einen Ort gehen, an dem
Sie vorher noch nicht waren. Entfachen Sie die Reiselust
in sich, es lohnt sich!

8: Seien Sie ein Vorbild

Begeben Sie sich in die Rolle eines anderen Menschen. Dabei sind Alter, Geschlecht, Hobbys und andere Faktoren vollkommen egal.

Sehen Sie sich nun als dieser andere Mensch genauer an. Betrachten Sie Ihre Taten, Ihre Verhaltensweisen, Ihr ganzes Leben. Fragen Sie sich: „Ist dieser Mensch ein Vorbild für mich?"

Wenn die Antwort nein ist, sollten Sie etwas daran ändern. In diesem Fall halten Sie sich nämlich selbst nicht für gut genug, ein Vorbild für andere abzugeben. Wie bereits erwähnt geht ein glückliches Leben mit positivem Denken einher und wenn Sie das erreichen wollen, ist es von Vorteil, ein Vorbild zu werden und sich auch für ein solches zu halten.

Es wird wie eine Art Selbstbestätigung sein, mit der Sie ein Stück innere Zufriedenheit erlangen werden.

9. Lernen Sie nie aus

Ihre Jahre in der Schule sind vermutlich schon vorbei. Das heißt aber nicht, dass es nicht immer noch Sinn ergibt, stetig etwas Neues zu lernen.

Werden Sie zu einem interessierten Lerner. Lernen Sie so viel wie möglich über etwas, das Sie interessiert. Das alte Sprichwort „Wissen ist Macht" kennt nicht ohne Grund jeder. Sie wissen nie, wann Sie welches Wissen einmal gebrauchen können, daher ist alles Neue, dass Sie lernen, die Mühe wert! Abgesehen davon, dass Sie dadurch erheblich gebildeter werden, wird das Anhäufen von Wissen auch Ihre Gespräche mit Ihren Mitmenschen verbessern. Werden Sie zu der Person, der immer alle zuhören, da sie so viel Interessantes zu sagen hat.

10. Wagen Sie sich etwas Neues

„Wer nichts wagt, der nichts gewinnt!" Auch wenn das nicht immer hundertprozentig stimmt, ist es in den meisten Fällen dennoch ein Sprichwort, nachdem es sich zu richten lohnt! Manchmal müssen wir uns etwas trauen, um etwas zu erreichen oder einen unvergesslichen Moment zu erleben.

Lassen Sie sich im Leben auf keinen Fall von Ihrer Angst leiten. Wenn Sie den Weg der Angst gehen, werden Sie einmal vieles bereuen. Und das nicht erst auf dem Sterbebett. Sie werden sich oft darüber ärgern, dass Sie bestimmte Möglichkeiten nicht ergriffen haben, weil die Angst einfach zu groß war.

Dabei ist die Belohnung, die auf Sie wartet, wenn Sie es schaffen diese Angst zu besiegen, in den meisten Fällen viel größer als die Angst selbst.

Um Ihre Ängste zu besiegen und sich Neues zu trauen ist es zunächst einmal wichtig, dass Sie sich klarmachen, dass jeder Angst hat, Sie sind damit nicht allein.

Viele Menschen erleben Tag für Tag Situationen, in der sie ihre Furcht, ebenso bekämpfen wie Sie.

Die Tatsache, dass viele Menschen diesen Kampf zu gewinnen wissen, zeigt, dass es möglich ist! Fangen Sie mit Beginn des morgigen Tages damit an, regelmäßig etwas zu tun, wovor Sie Angst haben. Das muss nichts Großes sein, Augenkontakt mit einer fremden Person zum Beispiel reicht vollkommen aus.

In nicht allzu langer Zeit wird Ihnen der Umgang mit der Furcht immer leichter fallen und neue Erlebnisse werden auf Sie warten.

11. Leben Sie gesund

Hier ist er wieder: Der Ratschlag, den man zu genügen, von allen möglichen Personen zu hören bekommt. Auch, wenn es Ihnen schon zu den Ohren herauskommt:

Leben Sie gesund! Ein gesundes Leben ist wie ein Grundbaustein für ein glückliches Leben und damit auch für positive Gedanken.

Denken Sie, bevor Sie wieder genervt von diesem Thema abweichen, darüber nach, wie wichtig Gesundheit eigentlich ist. Ohne sie wäre das Leben nicht dasselbe.

Egal ob man arm oder reich ist, jeder von uns trägt die Verantwortung, auf seinen Körper zu achten und auf gesunde Weise zu leben. Natürlich werden Sie deswegen kein gesundheitlich gesehen perfektes Leben führen, aber Ihrem Körper und Ihrer Positivität zuliebe sollten Sie sich zumindest Mühe geben.

Treiben Sie etwas Sport, essen Sie abwechslungsreich mit genug Vitaminen, dämmen Sie den Konsum von Rauschmitteln ein. Das alles kann zu einem gesünderen und damit auch glücklicheren Leben mit einem positiven Mindset beitragen!

12. Vergessen Sie nicht, zu geben

Auch hierzu gibt es wieder ein bekanntes Sprichwort: „Geben ist besser als Nehmen". Das trifft nicht nur für Leute zu, die an Karma glauben. Immer wenn Sie jemandem etwas Gutes tun, erfüllt es Sie mit einem Gefühl von Freude. Selbst wenn Sie von selbstlosen Gesten nichts halten, werden auch Sie ein wohltuendes Gefühl von Selbstzufriedenheit und Glück verspüren, wenn Sie die Freude anderer sehen.

Abgesehen davon wird sich in irgendeiner Form das Karma zeigen und Ihnen etwas Gutes zurückgeben, was kein Hokuspokus, sondern vielmehr eine Reihe glücklicher Zufälle ist. Ein Beispiel:

Sie helfen einem Obdachlosen aus, indem Sie ihm etwas Geld geben. Eine paar Tage später sind Sie auf dem Weg zu einem wichtigen Treffen. Sie tragen Ihr hochwertigstes Outfit, weil es Eindruck zu schinden gilt. Trotz einer abweichenden Wettervorhersage fängt es an zu regnen, da Sie zu Fuß unterwegs sind, werden Ihre guten Klamotten vollkommen durchnässt sein, bis Sie dort angekommen sind, wo Sie hinwollen.

Plötzlich treffen Sie auf den Obdachlosen, der sich durch die Spende ein warmes Abendessen leisten konnte. Er erinnert sich an Sie und reicht Ihnen einen Regenschirm, den er ein paar Stunden zuvor gefunden hatte. Gutes zu tun, lohnt sich also immer!

13. Zeit mit den richtigen Menschen verbringen

Ich habe bereits erklärt, warum Sie sich von negativen Menschen trennen sollten. Nun kommen wir zum Gegenstück: Nämlich zu den Menschen, die Ihr Leben bereichern!

Mit Menschen dieser Art sollten Sie so viel Zeit verbringen, wie Ihnen nur möglich ist, da ihre positiven Eigenschaften sich genauso auf Sie abfärben können wie die schlechten der negativen Mitmenschen. Es ist wissenschaftlich bewiesen, dass es uns glücklich macht, wenn wir Zeit mit den Menschen verbringen, die wir mögen. Egal ob sie aus der Familie, dem Freundeskreis oder dem Kollegium kommen, suchen Sie mehr Kontakt zu positiven Leuten und auch Sie werden einen Aufschwung Ihrer guten Laune und Positivität erleben!

14. Seien Sie dankbar

Zu oft schätzen wir nicht wert, was wir haben. Für uns sind viele Sachen selbstverständlich, sodass wir erst gar nicht darüber nachdenken, wie das Leben ohne sie wäre. Als Spitze des Eisberges beschweren wir uns auch noch, weil Andere mehr haben oder wir nicht das bekommen, was wir wollen. Machen Sie diesen Fehler nicht.

Seien Sie nicht wie das Kind, dass mit seiner Familie einkaufen geht und unglücklich ist, weil er ein besonderes Spielzeug nicht bekommt, dabei aber vergisst, dass er im Gegensatz zu seinem Freund sehr viele Spielzeuge besitzt. Natürlich wird es immer Menschen geben, die mehr haben als Sie. Vermutlich werden Sie auch nie vollkommen zufrieden mit Ihrem Leben sein, es wird immer irgendetwas geben, das besser sein könnte. Aber vergessen Sie nicht, dass es umgekehrt genauso ist. Auch nach unten ist immer alles offen. Manche Menschen wünschen sich genau das, was Sie haben und wären damit überglücklich. Sei es Ihr Auto, Ihr Fernseher oder Ihre Inneneinrichtung.

Es ist kein Problem, falls es Ihnen schwerfällt, dankbarer zu werden. Dafür gibt es einen kleinen Trick. Nehmen Sie sich dafür morgens oder abends etwa fünf bis zehn Minuten Zeit. Holen Sie sich einen Stift und ein Blatt Papier.

Als Nächstes werden Sie alles aufschreiben, wofür Sie dankbar sind. Gehen Sie in sich und realisieren Sie, wie viele Dinge existieren, die Sie glücklich machen und die Sie wertschätzen. Dabei sollten Sie sich nicht nur auf materielle Dinge beziehen, vielmehr sollten Sie wirklich alle Aspekte Ihres Lebens betrachten.

Stellen Sie sich zum Beispiel vor, was wäre, wenn Sie Ihren Partner oder einen anderen Teil Ihrer Familie nicht mehr hätten. Auf der Welt gibt es sehr viele Menschen, die ein Familienmitglied verloren haben und seitdem damit leben müssen.

Oder was wäre, wenn Sie körperlich eingeschränkt wären, wenn Sie nicht laufen könnten? Das würde Ihr Leben um einiges erschweren. Sie könnten eine geliebte Sportart nicht mehr ausführen oder wären vermutlich erst einmal auf öffentliche Verkehrsmittel angewiesen.

15. Seien Sie verspielt

Verspielt klingt erst einmal nach einem schlechten Witz. Aber einen kindlichen Teil in sich zu behalten ist etwas, was durchaus glücklich machen kann.

Damit meine ich jetzt nicht, dass Sie an einem freien Tag zum Spielplatz gehen und dort stundenlang spielen sollen. Was Ihnen auf jeden Fall nicht schaden wird, ist eine kindliche Spontanität zu entwickeln.

Wenn Sie Lust haben, schwimmen zu gehen, gehen Sie schwimmen. Wenn Sie tanzen wollen, dann tanzen Sie und wenn Sie ein Lied laut mitsingen wollen, dann singen Sie eben das Lied mit. Aber aufgepasst: Zwingen Sie sich zu nichts! Wenn Sie zwanghaft versuchen, mehr wie Ihr kindliches ich zu leben und sich dabei aber nicht wohlfühlen, bringt es nichts.

Es geht lediglich darum, den kindlichen, nach Spaß suchenden Teil in sich auch einmal ans Licht zu lassen, wenn er ans Licht will.

16. Seien Sie offen für neues

Viele Erwachsene sind durch einen geregelten Alltag zu Gewohnheitstieren geworden. Am Morgen wird bei einem Kaffee in Ruhe die Zeitung gelesen, nach der Arbeit werden die Nachrichten gesehen und abends im Bett wird die Lieblingsserie auf Netflix angesehen, bis es am nächsten Tag wieder von vorne losgeht.

Die meisten denken nicht einmal darüber nach, die geliebte Routine einmal zu brechen und etwas Neues zu tun. Wieso sollte man auch das, was sich bereits mehrmals bewährt hat, auslassen und etwas anderes tun?

Ganz einfach: Weil man sonst viele großartige Erlebnisse und Chancen verpasst!
Sie wissen nie, ob Ihnen etwas Freude bringen wird, wenn Sie es noch nie gemacht haben, aber wer das als Ausrede benutzt wird nie ein wirklich erfülltes und glückliches Leben führen.

17: Genießen Sie Ihr Leben

Selbst wenn man sehr alt wird, ist das Leben kurz. Ehe man sich versieht, sind Jahre vergangen. Bei einer doch so kurzen Zeit, die Sie auf dieser Welt verbringen, sollten Sie alle Vorteile, die dieses Leben bietet, genießen.

Selbstverständlich haben Sie Pflichten, die Sie erfüllen müssen. Sie müssen arbeiten, um Ihre Familie zu versorgen, Sie müssen sich um die Entwicklung Ihrer Kinder kümmern, Sie müssen Rechnungen bezahlen usw. Doch egal wie viele Pflichten es sind bzw. wie viel Stress Sie zu haben scheinen, um das Leben zu genießen ist immer Zeit. Sie können verantwortungsvoll durchs Leben gehen und trotzdem Ihr Leben so leben, wie Sie es sich wünschen. Verbringen Sie Zeit mit Menschen, die Ihnen wichtig sind. Gehen Sie leidenschaftlich Ihren Hobbys nach. Tun Sie was auch immer es ist, dass Sie tun wollen.

18. Gehen Sie Ihren träumen nach

Jeder hat einen Traum. Einen Wunsch, für dessen Erfüllung er alles tun würde. Leider funkt bei vielen Leuten das Leben dazwischen. Das Leben gibt ihnen einen guten Grund, nicht ihren Träumen nachzugehen und einen anderen Weg einzuschlagen. Wenn Sie sich hierbei wiedererkennen und darunter leiden, sollten Sie etwas dagegen tun. Lassen Sie sich nicht unterkriegen und fangen Sie an zu tun was zu tun ist, um sich Ihren Traum zu erfüllen.

Es gibt eine Weisheit, die Sie sich auf jeden Fall einprägen sollten, die Sie am besten sogar zu Ihrem Lebensmotto machen: Sie können alles erreichen, wenn Sie es nur wollen!

Das haben bereits unzählige Menschen unter Beweis gestellt. Menschen, die in sehr armen Verhältnissen aufwuchsen und keine Perspektive zu haben schienen, sind nun sehr wohlhabend. Leute, die mit einer Behinderung zu kämpfen haben, die ihnen ihren Sport, den Sie Tag für Tag verfolgen, erheblich erschweren, haben Höchstleistungen erreicht, die ihnen niemand zugetraut hätte.

Möglicherweise denken Sie sich jetzt, dass das zwar alles schön und gut ist, sie aber mittlerweile zu alt sind, um einen neuen Weg in Richtung Traumerfüllung zu gehen. Ich kann Ihnen versichern, dass Sie das nicht sind. Es ist nie zu spät!

19. Vertreten Sie sich selbst

Vielleicht kommt Ihnen das bekannt vor: Sie verbringen Zeit mit ein paar Freunden und Bekannten und die Gruppe plant zusammen, was sie im weiteren Laufe des Abends noch machen sollte.

Es kommen verschiedene Themen auf und letztendlich wird sich für einen Kinobesuch entschieden. Eigentlich haben Sie nicht wirklich Lust auf Kino, aber da Sie bemerken, dass Sie der Einzige mit dieser Meinung sind, stimmen Sie dem Wunsch der anderen zu.

Als Nächstes wird diskutiert, welcher Film angesehen wird. Sie haben den Wunsch, einen etwas unbeliebten Film zu sehen. Ihnen ist bewusst, dass Ihre Wahl nicht angenommen werden wird, weshalb Sie sie erst gar nicht aussprechen und sich wieder einmal dem Willen Ihrer Freunde und Bekannten beugen.
Falls Sie sich oft in Situationen wie diesen wiederfinden und auf die beschriebene Weise reagieren, wissen Sie bereits, dass sich das nicht gerade gut anfühlt. Wenn Sie

Ihre Meinung nicht offen aussprechen und für sie stehen, wird Ihre Gefühlslage verändert.

Wahrscheinlich fühlen Sie sich unterdrückt und bereuen, wie Sie reagiert haben. Wie Sie bereits gelernt haben, hat Ihre Gefühlslage einen großen Einfluss darauf, wie einfach oder schwer Ihnen das positive Denken fällt.

Daher werden Sie, während dem Lesen vermutlich schon zu der Erkenntnis gekommen sein, dass die beschriebene Verhaltensweise die falsche ist. Sie sollten sich nicht davor fürchten, Ihre Meinung zu vertreten. Vielleicht ist das für Sie nicht so einfach wie es zunächst klingt.

Daher ein Tipp an Sie, mit dem Sie Ihre Erfolgschancen erhöhen: Arbeiten Sie mit passenden Affirmationen, um das Selbstvertrauen zu stärken.

Wenn Sie sich wie in dem dazugehörigen Kapitel beschrieben mit Affirmationen stärken, werden Erfolge bereits nach kurzer Zeit kommen. Sie müssen es einfach bei jeder Gelegenheit üben.

Immer, wenn sich Ihnen die Möglichkeit bietet, müssen Sie an Ihrer Meinungsauskunft arbeiten. Irgendwann werden Sie sich sicher und allgemein einfach besser fühlen, was sich natürlich wieder gut auf die von Ihnen angestrebte positive Denkweise auswirkt.

20. Verzeihen Sie sich Ihre Fehler

Die Vergangenheit ist Vergangenheit. Man kann sie nicht mehr ändern, was passiert ist, ist passiert. Das zu akzeptieren ist aber leichter gesagt als getan.

Viel zu oft haben Fehler, die wir in der Vergangenheit begangen haben, einen starken Einfluss auf die Gegenwart oder sogar die Zukunft. Meistens ist der Grund dafür, dass man sich nicht selbst vergeben kann oder die Folgen der Vergangenheit nicht akzeptieren will/möchte.

Lassen Sie sich durch ein solches Denken nicht Ihr Leben verderben! Es gibt niemanden, auf dessen Konto nicht zumindest ein Fehler steht, der einen negativen Einfluss auf einen oder mehrere Menschen hatte.

Und, wie ich bereits am Anfang geschrieben habe, können Sie nichts mehr daran ändern. Es gibt zwei Möglichkeiten, wie Sie damit umgehen können:

Entweder Sie machen sich wegen der Vergangenheit auf ewig herunter und verschlimmern so den Schaden, die der Fehler angerichtet hat, oder Sie schließen mit ihm ab und leben weiter. Wenn Sie ein würdevolleres und einfach besseres Leben führen möchten, ist die Vergangenheit definitiv eine Baustelle, an der Sie arbeiten müssen. Aber keine Sorge auch das werden Sie mit der Zeit schaffen.

Neuro-Linguistische Programmierung – endlich negative Gedanken loslassen

Wer sich auf die Suche nach Möglichkeiten begibt, um negative Gedanken loszulassen, stößt garantiert auf neuro-linguistische Programmierung, die kurz als NLP bezeichnet wird. Was steckt dahinter?

Zitat:

*„Das **Neuro-Linguistische Programmieren** (kurz **NLP**) ist eine Sammlung von Kommunikationstechniken und Methoden zur Veränderung psychischer Abläufe im Menschen, die unter anderem Konzepte aus der klientenzentrierten Therapie, der Gestalttherapie, der Hypnotherapie*

und den Kognitionswissenschaften sowie des Konstruktivismus aufgreift".

Zitat: *„Die Bezeichnung „Neuro-Linguistisches Programmieren" soll ausdrücken, dass Vorgänge im Gehirn (= **Neuro**)*

*mithilfe der Sprache (= **linguistisch**)*

*auf Basis systematischer Handlungsanweisungen änderbar sind (= **Programmieren**)."*

Wikipedia

Das hört sich hochwissenschaftlich an, lässt sich aber auch in einfacheren Worten ausdrücken.

Grundsätzlich beschäftigt sich NLP mit der subjektiven menschlichen Wahrnehmung. Zum Ausdruck kommt damit nichts anderes, als dass Menschen bestimmte Situationen, sich selbst, andere Menschen, den Job, die Beziehung und den Alltag auf unterschiedliche Art und Weise wahrnehmen und erleben. Je nachdem, wie Sie Ihre Umwelt und sich selbst wahrnehmen, wie Sie denken und fühlen und diese Emotionen bewerten, ergibt sich für Sie aus ein und derselben Situation ein positives, gutes Gefühl oder es stellen sich belastende, erdrückende und schwierige Empfindungen ein. Damit erschafft sich jeder Mensch seine eigene individuelle Realität.

Das neuro-linguistische Programmieren geht der Frage auf den Grund, welche Faktoren das Erleben der Menschen steuert und wie Sie selbst Ihre Erfahrungen hervorbringen. Anders gesagt: *NLP ist das Studieren der menschlichen Subjektivität.*

Da Sprache und Kommunikation ein großer Teil des Alltags sind, ganz gleich, ob beruflich oder privat, sind diese Elemente eng mit NLP verbunden. Dabei geht es um Mimik, Gestik, die Art zu sprechen, der Tonfall, die Ausdrucksweise, die Körperhaltung und sogar darum, wie Sie schweigen. Da diese unterschiedlichen Kommunikationsformen immer zum Einsatz kommen, funktioniert es nicht, nicht zu kommunizieren. Das heißt, dass Sie mit dem, was Sie sagen, tun oder wie Sie sich verhalten, permanent Botschaften an andere Personen aussenden.

Daher geht neuro-linguistisches Programmieren auf die Suche nach Antworten, inwieweit Kommunikation und Sprache das Denken und Handeln von Menschen beeinflusst. Welche Schlüsse lassen sich aus den Kommunikationsmustern ziehen und wie werden Sie mit diesen wahrgenommen?

NLP hilft Ihnen dabei, die Prozesse der Kommunikation besser zu verstehen und sorgt dafür, dass Ihnen Kommunikation besser gelingt.

Wie aus der Definition hervorgeht, ist NLP ein Oberbegriff für eine Vielzahl von Methoden der Fremd- und Selbstbeeinflussung, des Veränderns und der

Kommunikation. NLP, also neuro-linguistisches Programmieren setzt sich aus drei Begriffen zusammen.

Neuro beschreibt die neurologischen Prozesse, deren Ablauf im Gehirn eines Menschen stattfinden. Wird auf diese Prozesse Einfluss genommen, führt das mitunter zu einer Änderung des Verhaltens.

Linguistisch bedeutet Sprache. Beim neuro-linguistischen Programmieren geht es also darum, spezielle Sprachmuster zu erkennen, um diese bewusst zu verwenden oder wenn nötig, zu verändern.

Programmieren ist die Andeutung darauf, dass das menschliche Gehirn wie ein Rechner funktioniert und bestimmte Programme darin ablaufen, die Menschen in Denk- und Verhaltensmustern anwenden. NLP ist wie ein Reparaturprogramm, das beschädigte Programme identifiziert, verändert und durch richtig funktionierende, positive Programme austauscht.

NLP ist nicht klar und deutlich umrissen, sondern erfährt immer wieder auf ein Neues eine Weiterentwicklung. Es wird von vielen Therapeuten, Coaches und Praktikern daran gearbeitet,
bestehende Methoden weiterzuentwickeln und neue zu schaffen.

Das Vermitteln und Aneignen von bestimmten Strategien werden beim NLP als modellieren bezeichnet. Dabei geht es beispielsweise darum, dass Menschen mit besonderen Fähigkeiten oder Begabungen mehr Leistung erreichen. Der Schlüssel für Kompetenz ist also die Fähigkeit, Gedanken und Sprache in eine bestimmte Form zu bringen. Wer das Modellieren beherrscht, kann effizienter Lernen. Zum Einsatz kommt NLP in der Pädagogik, Wirtschaft, Psychotherapie, Gesundheit, beim Sport und bei kreativen Prozessen.

NLP kommt nicht nur zur Anwendung bei krankhaften Störungen. Prinzipiell kann jeder Mensch von der NLP-Methode profitieren. Denn die Möglichkeiten der Anwendung sind genauso umfangreich wie die Wünsche, Träume und Probleme, mit denen Menschen jeden Tag konfrontiert werden.

So können Sie beispielsweise mit NLP effektiver Lernen, die Partnerschaft und Gesundheit verbessern, spezielle Ziele erreichen, beruflichen und sportlichen Erfolg erlangen und Ängste loswerden. NLP-Techniken sind leicht erlernbar und einfach einsetzbar.

Für wen ist NLP geeignet?

Hinter NLP steckt eine ganz eigene Philosophie oder sogar eine besondere Lebenshaltung. Denn die unterschiedlichen Grundgedanken beziehungsweise Vorannahmen, auf der NLP aufbaut ist, ergeben sich aus diesen vier folgenden Grundüberzeugungen.

➡ Flexibilität in der Denk- und Handelsweise

➡ Zielorientierung und realisieren der Ziele

➡ Schärfen der Sinne für Fremd- und Selbstwahrnehmung

➡ Ein klares Bewusstsein der eigenen Verantwortlichkeit

Je nachdem, wofür Sie NLP einsetzen möchten, benötigen Sie unterschiedliche Skills. Auch wenn sich diese abweichend gestalten, ist der persönliche Grundgedanke immer der gleiche.

Es soll eine Änderung von hinderlichen Denk- und Verhaltensmustern herbeigeführt werden, eine

Optimierung von bestehenden oder vorhandenen Fähigkeiten erfolgen oder effiziente Lösungen für Probleme gefunden werden. NLP ist nicht nur für spezielle Berufsgruppen interessant, sondern kann auch zur eigenen Persönlichkeitsentwicklung und einer positiveren Denkweise in allen Lebensbereichen genutzt werden. Es gibt keine Grenzen!

Interessant ist NLP beispielsweise im Unterricht und der Bildung, da individuelle Lernstrategien entwickelt werden und zum Einsatz kommen, wodurch sowohl die Lernenden wie auch die Lehrenden einen deutlich spürbaren Motivationsschub erhalten. Erreicht wird damit ein nachhaltiger Erfolg beim Lernen.

In der Wirtschaft wird NLP in den verschiedensten Unternehmensbereichen erfolgreich eingesetzt. Im Management kann die Methode ein effektives Instrument darstellen, um eine Verbesserung der Kommunikation, dem Umgang mit Kunden und den Mitarbeitern zu erzielen und auf emotionaler Ebene eine positive Atmosphäre zu erreichen.

Eine hohe Kommunikationsfähigkeit wirkt sich nicht nur positiv, sondern auch unmittelbar auf den Erfolg des Unternehmens aus, gerade im Bereich Vertrieb und Einkauf. Mit NLP und den geeigneten Werkzeugen lässt sich die Kommunikation optimieren und ein Führungsstil entwickeln, der kooperativ ist und sich an den Mitarbeitern orientiert. So lässt sich auch in schwierigen Situationen zielführend agieren und Konflikte im Team recht schnell lösen. Durch verbesserte Kommunikationsstrategien lassen sich mit geeigneten Verfahren individuelle Verhaltensmuster ausfindig machen und zielführend verändern. Wer NLP beherrscht, stellt den unternehmerischen Gesamterfolg sicher.

Menschen, die im medizinischen Bereich tätig sind, wird eine hohe soziale Kompetenz abverlangt. Um dieses zu erreichen, gibt es strategische Ansätze, welche die soziale Kompetenz fördern, damit zum Patienten eine vertrauensvolle, empathische Beziehung aufgebaut werden kann. Durch den daraus entstehenden kooperativen Kommunikationsstil ergibt sich ein besseres Verhältnis zwischen Patienten und Personal, da gegenseitiges Verständnis vorhanden ist. Das verbessert den Genesungsprozess und sorgt dafür, dass insgesamt ein positiverer Umgang gepflegt wird.

Bei klinischen Erscheinungsbildern kann NLP als zielführende Methode eingesetzt werden, um psychischen Erkrankungen entgegenzuwirken. Das neuro-linguistische Programmieren ist beispielsweise ideal bei

Angststörungen und Phobien und hilft dabei, endlich negative Gedanken loszulassen. Betroffene spüren eine rasche Besserung und fühlen sich deutlich stärker, da sie endlich den richtigen Weg gefunden haben, um neue, positive Gedanken zu manifestieren, Selbstvertrauen aufzubauen und mehr Selbstbewusstsein zu erlangen.

NLP in der Praxis ist optimal für die persönliche Entwicklung. Denn grundsätzlich wird in allen Bereichen andauernd auf verbaler und nonverbaler Ebene kommuniziert. Allerdings kommt es bei der zwischenmenschlichen Kommunikation immer wieder zu Missverständnissen.

➡ Verstehen andere Ihre Mitteilungen wirklich so, wie Sie diese gemeint haben?

➡ Erfolgt eine richtige Interpretation der Reaktionen und Äußerungen Ihres Gesprächspartners?

Durch die vielfältigen Methoden, die NLP bereithält, gelingt Ihnen Kommunikation im beruflichen und privaten Bereich deutlich besser.

Info: *Wussten Sie, dass Menschen, die sich mit NLP beschäftigt und Strategien, sowie Methoden erlernt* *haben, wesentlich erfolgreicher, zufriedener und glücklicher mit ihrem Leben sind als zuvor?*

In wissenschaftlichen Studien wird belegt, dass die Dinge, die Sie bisher in Ihrem Leben erfahren und erlernt haben, nur zu 20 Prozent genutzt werden. Die restlichen 80 Prozent schlummern in Ihrem Unterbewusstsein. Genau diese ungenutzten Potenziale lassen sich mit neuro-linguistischem Programmieren anregen und verwenden.

Erfahrungen und Wahrnehmungen sind immer eine ganz persönliche Sache und daher subjektiv. Und genau diese Subjektivität beeinflusst Ihre Denk- und Handlungsweise erheblich und beeinflusst Ihre eigene Wahrnehmung. Dadurch trübt sich der Blick für die vielen Handlungsmöglichkeiten, die Ihnen grundsätzlich zur Verfügung stehen, um das eigene Leben erfolgreiche auszugestalten.

Mit NLP schärfen Sie Ihre eigene Wahrnehmung, erkennen die vielfältigen, erfolgversprechenden Optionen und können diese in vollem Umfang nutzen und kreativ umsetzen.

➡ Indem Sie Ihre Sinne aktivieren und schärfen, erkennen Sie Ihr eigenes Potenzial und das Potenzial anderer.

➡ Die bisher im Unterbewusstsein verborgenen Fähigkeiten können Sie jetzt nutzbar machen.

➡ Sie erhalten einen klareren Blick für Ihre Grundauffassungen und Wertvorstellungen, die Sie zu einem selbstbestimmteren Denken und Handeln führen.

➡ Sie können Ihre eigenen Wünsche, Ideen und Visionen selbstbewusst und kreativ verwirklichen.

➡ Eine höhere Flexibilität erlaubt Ihnen, den ständig wechselnden Herausforderungen im Leben erfolgreich und mit Gelassenheit zu begegnen.

Sie besitzen damit die Fähigkeit, Zielsetzungen zu erreichen, da Sie diese jetzt ganz klar formulieren können.

Sie wissen genau, wohin Sie Ihr Weg bringen soll und was Sie wahrhaftig erreichen möchten.

Sie haben mit NLP gelernt, nicht nur verständlich und deutlich Dinge auszudrücken, sondern mit einer zielgerichteten Handlungsweise das auserkorene Ziel zu erreichen.

Positive Kommunikation

Eine entscheidende Rolle bei NLP spielt die Linguistik.
Denn die Entwicklung des Modells beruht auf der Analyse
und dem Modellieren der Sprachmuster von erfolgreichen
Therapeuten. Der linguistische Bereich des
Programmierens ist dementsprechend in Bezug auf
beeinflussende, hypnotisch wirkende Sprachmuster
deutlich präsent. Es gibt Linguistik-Methoden, die einen
flexiblen Umgang und Kommunikation mit Menschen
ermöglicht, die auf den Charakter und die Herkunft
abgestimmt sind. Dadurch wird erreicht, dass das eigene
Verständnis für zwischenmenschliche Kommunikation
deutlich vielfältiger wird. Damit fällt es Ihnen deutlich
einfacher, sich auf die subjektive Wahrnehmung des
Gesprächspartners einzustellen, unabhängig von der
eigenen Auffassung. Gerade in Konfliktsituationen ist
diese Fähigkeit von unschätzbarem Wert.

Damit Sie endlich negative Gedanken loslassen und Ihre
Denk- und Verhaltensweisen ändern können, erfahren Sie
nachfolgend anhand der meistverwendeten Technik, wie
Sie selbst NLP einsetzen können.

„Swish-Technik" nach Richard Bandler

Richard Bandler ist einer der Entwickler des neuro-linguistischen Programmierens. NLP entstand damals als Verfahren der Kurzzeit-Psychotherapie. Bei der Technik nach Brandler handelt es sich um eine weitverbreitete Methode, um das Verhalten und die Denkweise zu verändern. Dabei wird ein unerwünschter Gedanke aufgegriffen, um diesen mit etwas Positivem, Erwünschtem ablösen. Um diese Technik anzuwenden, können Sie folgende 5 Schritte einsetzen:

1. Suchen Sie sich eine unangenehme Erinnerung, eine Befürchtung oder einen negativen mentalen Zustand aus und visualisieren Sie diesen bis ins kleinste Detail. Dabei spüren Sie jedes Gefühl und sehen Ihre Befürchtungen klar und deutlich. Sie hören, schmecken und riechen, weil Sie Ihre Sinnesorgane aktiviert haben.

   Je mehr Sinnesorgane daran beteiligt sind, um Ihre Vorstellung zu intensivieren, desto stärker sind die Empfindungen.

2. Aus diesen starken, negativen Empfindungen heraus, denken Sie jetzt an etwas Angenehmes und Positives, beispielsweise an eine schöne Erinnerung oder eine positive Visualisierung. Diese schönen Gedanken oder Bilder sollten Sie persönlich betreffen und ein glückliches Gefühl auslösen. Tauchen Sie genauso tief in diese positiven Empfindungen ein, wie Sie es zuvor bei den negativen gemacht haben.

3. Erzeugen Sie jetzt in Ihren Gedanken zwei Rahmen, einen großen, ausdrucksstarken und einen kleinen, unscheinbaren. In den großen Rahmen packen Sie die negativen, unangenehmen Vorstellungen und Erinnerungen und in den kleinen Rahmen, die angenehmen Bilder und Eindrücke. Der Rahmen mit dem unangenehmen Inhalt steht im Zentrum Ihres Sichtfeldes, während der kleine, unscheinbare mit der angenehmen Vorstellung sich am Rande Ihres Sichtfeldes befindet.

4. Dieser Schritt ist der Wichtigste, da Sie jetzt die beiden Rahmen „switchen", indem Sie den großen

Rahmen klein und den kleinen Rahmen groß machen. Das vorherige Bild im großen Rahmen wird unscheinbar und verschwommen und das aus dem kleinen Rahmen wird deutlich und klar erkennbar. Der Rahmentausch muss schnell vonstattengehen. Wenn Sie eine ausgeprägte akustische Vorstellungskraft besitzen, können Sie sich sogar diesen zischenden Laut beim Tauschen vorstellen. Wenn nicht, sprechen Sie das Wort „zisch!" selber aus.

5. Dieser Vorgang wird nun so oft wiederholt, bis sich ganz automatisch ein angenehmes Gefühl und positive Gedanken einstellen, wenn unangenehme Vorstellungen versuchen, in Ihre Gedankenwelt einzudringen.

Die Macht der positiven Gedanken

Immer wenn andere Menschen mit der Idee aufwarten, endlich positiv zu denken, rollen Pessimisten mit den Augen und denken sich, dass diese Menschen verrückt geworden sind. Was soll an diesem Ereignis, der bevorstehenden Herausforderung oder dem, was kommen mag, positiv sein?

Menschen, die in ihren negativen Denkmustern fest verstrickt sind, haben eine völlig falsche Vorstellung davon, was positives Denken eigentlich bedeutet. Sie hegen den Glauben, dass positiv denkende Menschen Tagträumer sind, die der Realität nicht ins Auge blicken und ständig negative Gegebenheiten einfach nur ausblenden. Diese Annahme ist glücklicherweise nicht richtig. Optimismus ist genauso real wie Pessimismus und hat kein bisschen mit Tagträumerei zu tun.

Es gibt nicht nur positive, sondern auch negative Dinge auf dieser Welt. Doch mit der richtigen Denkweise, können Sie auch den negativen Dingen etwas Positives abgewinnen.

Es liegt ganz alleine in Ihrer Hand, ob Sie lieber als
Pessimist mit negativen Gedanken durch das Leben
laufen oder sich auf die andere Seite mit einer positiven
Denkweise konzentrieren wollen.

12 Möglichkeiten, um negative Denk- und Verhaltensweisen loszuwerden

1. Machen Sie negative Gedanken nicht zur ersten Priorität!

Wie Sie ja mittlerweile wissen, haben negative Gedanken nicht nur eine große Macht, sondern wirken zerstörerisch, beeinflussen Ihr Selbstwertgefühl und das Selbstvertrauen. Sie haben großen Einfluss auf Ihren Mut, auf Freude, Glück, Erfolg und Ihr seelisches Wohlbefinden. Sie fühlen sich schlecht und wertlos. Geben Sie den negativen Gedanken nicht die Möglichkeit, dass sie Ihre ganze Aufmerksamkeit einnehmen und sich ungehindert ausbreiten können. Damit werden sie zwar nicht verschwinden, verlieren aber immer mehr an Macht. Wenn sich wieder einmal Selbstvorwürfe, Zweifel, Sorgen und Ängste ausbreiten und Ihre Gedanken überschatten, sollten Sie energisch die Reißleine ziehen, sich mit schönen Dingen und positiven Gedanken und freudigen Visualisierungen beschäftigen. Damit lenken Sie sich von negativen Gedanken und Gefühlen ab.

2. Machen Sie „Lächeln" zu einer Hauptdisziplin!

Menschen mit einer negativen Einstellung und schlechten Gedanken zeigen diese auch in ihrer Mimik und Körpersprache. Sie laufen mit hängenden Mundwinkeln und einem griesgrämigen Gesichtsausdruck durchs Leben. Dann gibt es diese andere Fraktion Menschen, die dem Leben mit allen Höhen und Tiefen mit einem Lächeln begegnen. Genau diese Menschen sind es, die selbst negativen Situationen etwas Positives abgewinnen können und das Leben sowie sich selbst nicht so ernst nehmen. Forscher haben in Untersuchungen festgestellt, dass bereits durch ein Lächeln, also durch einen positiven Gesichtsausdruck Glückshormone ausgeschüttet werden. Die Gesichtsmuskeln übermitteln an das Gehirn eine positive Information, sodass Dinge nicht mehr nur Schwarz gesehen werden, sondern auch die vielen Grauabstufungen und sogar bunte leuchtende Farben. Menschen mit einem Lächeln im Gesicht sind entspannter und deutlich zufriedener.

3. Bei auftretenden Eventualitäten sollten Sie zuerst nach den positiven Dingen Ausschau halten!

Jede Situation hat zwei Seiten, genauso wie eine Medaille!

Darum bietet Ihnen jede noch so prekäre und negative Situation die Möglichkeit, dieser etwas Positives abzugewinnen. Denn es kommt immer auf den Blickwinkel und die richtige Interpretation an. Negative Aspekte können eine Herausforderung und ein Denkanstoß sein oder einen Prozess einleiten, um das eigene Denken und Handeln neu zu programmieren. Ärgern Sie sich beispielsweise nicht maßlos darüber, wenn Sie keinen Parkplatz vor Ihrer Haustüre bekommen, sondern sehen Sie es positiv. Sie machen noch einen kleinen Spaziergang an der frischen Luft, können abschalten und das schöne Wetter genießen. Natürlich ist es nicht einfach immer positiv zu denken, gerade wenn es um unüberschaubare, existenzielle Sorgen und Probleme geht. In einer solchen Situation bringen Sie Ratschläge wie „es wird schon für irgendetwas gut sein" kein Stück weiter. Doch wer bereits bei kleinen Dingen angefangen hat, genauer hinzuschauen und die positive Seite zu entdecken, kann auch mit großen Herausforderungen einfacher umgehen.

4. Schreiben Sie ein Dankbarkeitstagebuch!

Im ersten Moment mag das vielleicht komisch klingen.
Doch bei genauerer Betrachtungsweise kommt die
Erkenntnis, dass nicht alles nur negativ ist, auch wenn es
im Augenblick so erscheinen mag. Jeder Mensch hat
Dinge, für die er dankbar ist, selbst wenn sie noch so
klein erscheinen. Schreiben Sie alles auf, wofür Sie
dankbar sind. Damit erreichen Sie, dass Sie den Blick auf
die schönen Dinge lenken, anstatt sich mit den negativen
Dingen zu beschäftigen. Schreiben Sie alles auf, wofür Sie
Dankbarkeit empfinden. Wenn es immer wieder das
Gleiche ist, ist das gar nicht schlimm. Wichtig ist, dass Sie
sich jeden Tag aufs Neue darüber bewusst werden. Es
werden Ihnen mit der Zeit immer mehr positive Aspekte
in Ihrem Leben auffallen, für die Sie dankbar sein
können.

5. Vermeiden Sie eine Überdosierung durch negative Informationen!

Überall, ob im Fernsehen, im Radio oder in sozialen
Netzwerken – Sie werden mit negativen Informationen
und Katastrophenmeldungen überschüttet.

Schnell stellt sich dadurch der Eindruck ein, dass die Welt nichts Positives zu bieten hat. Natürlich gibt es weltweit viel Gewalt, viele Katastrophen und Dinge, die Angst einflößen. Aber genauso gibt es eine Milliarde positive Dinge, die Sie weder in den Nachrichten noch in anderen Medien finden. Sie sind nicht reißerisch genug und verbreiten keine Angst und Schrecken. Versuchen Sie die Flut an negativen Meldungen auf ein Minimum zu reduzieren.

6. Verbannen Sie negative Menschen aus Ihrem persönlichen Umfeld!

Ihre persönliche Einstellung, Denk- und Verhaltensweise ist eng mit den Menschen verbunden, die sich in Ihrem direkten Umfeld befinden. Wer sich nur mit negativen Menschen umgibt, wird schnell die gleiche Denk- und Verhaltensweise annehmen. Genauso funktioniert das umgekehrt. Positive Denk- und Verhaltensweisen von Menschen in Ihrem direkten Umfeld färben ganz automatisch auf Sie ab, sodass Sie eine positivere Einstellung erlangen. Hilfreich sind dafür **positive Psychologie** und Menschen in Ihrer Umgebung, die als Sonnenkinder gelten.

7. Kehren Sie der Opferrolle den Rücken. Da passen Sie gar nicht hinein!

Menschen mit einer positiven Denkweise tragen selbst die Verantwortung für Ihr Leben und übertragen diese nicht auf andere. Darum sollten Sie endlich Ihr Leben selbst in die Hand nehmen, nach vorne schauen, negative Gedanken endlich loslassen und keinen Gedanken mehr daran verschwenden, was Ihnen Schlimmes in Ihrem Leben widerfahren ist. Kommen Sie aus dieser Opferrolle heraus und machen Sie sich bewusst, dass Sie selbst und nur Sie, großen Einfluss auf Ihr eigenes Leben haben. Übernehmen Sie endlich die Verantwortung und geben Sie diese nicht mehr an andere ab. Sie sind der Steuermann, der den Kurs bestimmt und das Ziel angibt. Haben Sie dieses verstanden und alle dazugehörigen Konsequenzen daraus gezogen, eröffnen sich Ihnen einzigartige Möglichkeiten und Chancen, die Sie ergreifen können, um ein glücklicheres, zufriedeneres Leben zu führen.

8. Das Vergleichen mit anderen Menschen ist ab jetzt verboten!

Wer sich mit anderen vergleicht, schadet dem eigenen Selbstvertrauen und erzeugt negative Gedanken. Ab jetzt wird nicht mehr gefragt, warum der Kollege schon wieder eine Fernreise machen kann, der Nachbar ein dickeres Auto fährt und Ihr Steuerberater sich eine teure Yacht leisten kann. Denn dieses Vergleichen hat nicht nur einen fiesen Beigeschmack, sondern erzeugt negative Gedanken. Hören Sie auf, nach oben zu schauen, sondern schauen Sie ruhig nach unten. Dort gibt es Menschen, denen es viel schlechter geht als Ihnen. Wenn Sie endlich anfangen mit dem zufrieden zu sein, was Sie bisher geschafft haben, ändert sich automatisch Ihre Grundeinstellung und es stellen sich positive Gedanken ein.

9. Positives Denken ist der Schlüssel für Erfolg!

Sie haben bereits so viele Dinge in Ihrem Leben erreicht, die Sie vielleicht gar nicht mehr auf dem Schirm haben. Sie haben erfolgreich den Master an einer Eliteuniversität gemacht und anschließend den Traumjob bekommen, in jungen Jahren den Führerschein im ersten Anlauf bestanden, Kinder großgezogen und vielleicht sogar Ihr eigenes Haus gebaut. Es gibt große und kleine Erfolge, die Sie im Leben erreicht haben. Dabei gab es auch schwierige Situationen, die Sie gemeistert haben. Warum schreiben Sie diese nicht einmal auf und ergänzen die Liste immer wieder mit weiteren Erfolgen, selbst wenn diese noch so klein erscheinen. Dazu gehört beispielsweise der reparierte Wasserhahn in der Küche, das höhere Gewicht, dass Sie heute im Fitnessstudio beim Training gestemmt haben oder das eine Kilo, dass heute Morgen auf der Waage nicht mehr angezeigt wird. Eine solche Liste hat eine deutlich bessere Wirkung als eine To-do-Liste mit den Dingen, die Sie erledigen wollen.

10. Verlieren Sie niemals den Blick für Ihre Bedürfnisse und Grenzen!

Immer wieder wird positives Denken durch andere Personen beeinflusst, weil diese Ihre Bedürfnisse nicht berücksichtigen und Grenzen einfach überschreiten. Für Ihr Glück und Ihre positive Lebenseinstellung müssen Sie Ihre Grenzen und Bedürfnisse ganz klar kommunizieren und sich immer wieder vor Augen führen.

Damit erfüllen Sie die Fürsorgepflicht sich selbst gegenüber und tun sich etwas Gutes.

11. Nach dem Aufstehen richten Sie Ihre Konzentration auf positive Gedanken!

Wer mit positiven Gedanken in den Tag startet, hat es bedeutend leichter. Denn es gibt nichts, was einen so schnell aus der Bahn wirft und negative Gedanken aufkommen lässt. Rufen Sie sich dafür morgens Situationen und Bilder ins Gedächtnis, in denen Sie sich richtig wohlgefühlt haben, sowie glücklich und zufrieden waren. Erzeugen Sie die Gefühle von damals erneut und zehren Sie von den positiven Augenblicken.

12. Nutzen Sie Literatur, die positive Psychologie und glücklich sein zum Thema macht!

Es gibt noch viele weitere Punkte, die sich mit positivem Denken befassen und Ihnen dabei helfen, negative Denk- und Verhaltensmuster loszuwerden. Darum ist es wirklich lohnenswert, sich mit unterschiedlichen Methoden und Techniken wie beispielsweise dem neuro-linguistischen Programmieren auseinanderzusetzen.

Es gibt eine ganze Reihe interessante Bücher, die sich ausschließlich mit der Thematik „positiv" beschäftigen. Sie sind nützliche Helfer und geben Ihnen Denkanstöße, um

endlich positiv nach vorne zu schauen und negative
Gedanken loszulassen.

Grundsätzlich kann jeder glücklich und zufrieden mit sich
selbst und dem eigenen Leben sein, wenn der Wille dazu
da ist.

Wie Sie sehen, können Sie bereits mit ganz einfachen
Mitteln mehr Positivität in Ihr eigenes Leben bringen,
indem Sie an der richtigen Stelle den Hebel ansetzen, um
für eine positivere Denk- und Verhaltensweise den Weg
zu bereiten. Positives Denken selbst in den schlimmsten
Situationen macht Sie erfolgreich, stärkt das
Selbstbewusstsein und Selbstvertrauen und schützt Sie
davor, dass aus Kleinigkeiten ein bösartiges Monster wird,
das Sie von innen heraus auffrisst.

Wenn Sie denken, dass Sie die negative Denkweise in die
Wiege gelegt bekommen haben und diese zu den
Eigenschaften gehört, die Sie nicht verändern können,
liegen Sie falsch. Das haben Sie ja bereits erfahren. Ihr
innerer Kritiker ist es, der Ihnen vielleicht immer noch im
Wege steht, um wirklich den negativen Gedanken Einhalt
zu gebieten. Halten Sie sich immer vor Augen, dass Sie in
jedem Alter eine positive Sicht auf unterschiedliche Dinge
erlangen können, wenn Sie nur wollen! Indem Sie
regelmäßig Ihre negativen Gedanken genauer unter die

Lupe nehmen und schauen, was sich dahinter verbirgt, schaffen Sie das.

Die Horrorszenarien, die sich in Ihrem Kopf abspielen, haben auch etwas Positives im Gepäck. Davor sollten die Augen nicht verschlossen werden. Indem Sie regelmäßig die positive Seite betrachten, stellt sich Automatismus ein, wodurch sich eine neue Programmierung der Denkweise ergibt. Um damit erfolgreich zu sein, sollten Sie Folgendes umsetzen:

Schalten Sie Grübelfallen aus – Wenn Sie sich gedanklich nur im Kreis drehen und sich ständig durch negative Gedanken blockieren, bringt Sie das kein Stück weiter. Denn diese Grübelfallen und Sorgen hindern Sie am positiven Denken. Ein guter Weg aus diesen Grübeleien ist Meditation. Die Konzentration auf die eigene Atmung und das Loslassen von Gedanken gibt Ihnen die Möglichkeit, die Denkfabrik zu kontrollieren.

Reduzieren Sie störende und negative Gedanken – Es gibt Grundannahmen und Glaubenssätze, die Sie daran hindern, eine positive Sichtweise auf das Leben und die eigene Persönlichkeit zu erlangen, weil Ihnen immer wieder schlechte Dinge widerfahren. Es gibt bestimmte

Sätze, die Sie daran hindern, endlich eine positive Denkweise zu entwickeln und negative Gedanken loszulassen.

Haben Sie einen solchen Satz oder Gedanken aufgestöbert, sollten Sie diesen aus Ihrem Sprachgebrauch und der Gedankenwelt streichen. Es gibt aber auch solche, die sich sehr gut tarnen und selbst auf den zweiten oder dritten Blick nicht erkennbar sind. Um diese ausfindig zu machen, können Sie einen Therapeuten oder Coach zurate ziehen, um die störenden Gedanken ausfindig zu machen und aus Ihrem Kopf zu verbannen. Interessant ist dabei das neuro-linguistische Programmieren, da diese Methode in vielen Bereichen greift und Ihnen dabei hilft, erfolgreicher, entspannter und glücklicher zu werden.

Stärkung des Bewusstseins – Machen Sie sich die Auswirkungen von negativen Gedanken auf Körper, Geist und Seele immer bewusst und setzen Sie genau an der Stelle den Hebel an, um Ihr Selbstbewusstsein zu stärken und Ihre Denkweise auf positive Dinge auszurichten.

Hilfreich dafür sind beispielsweise Achtsamkeits- und Yoga-Übungen, weil Sie damit das Körpergefühl verbessern. Sie nutzen all Ihre Sinne, die mit der Zeit mit einer enormen Präzision arbeiten. Dadurch stellt sich eine besondere Feinfühligkeit ein.

Diese erlangte Eigenschaft ist eine gute Hilfe, um auf Dauer eine positive Grundhaltung zu etablieren.

Diese Wirkung erreichen Sie, indem Sie regelmäßig Yoga oder Achtsamkeitsübungen durchführen.

Negative Gedanken loswerden und langfristig Zufriedenheit, Erfolg und ein erfülltes Leben erlangen

Es gibt verschiedene Wege und Möglichkeiten, Ängste zu überwinden, belastende negative Gedanken zu beseitigen und durch positive zu ersetzen sowie Glück und inneren Seelenfrieden zu finden. Es wird sich auch nicht mehr die Frage stellen, ob das Glas halb voll oder halb leer ist. Denn Sie haben endlich allen Mut zusammengenommen, sich den bösen Geistern zu stellen und angefangen, an Ihrer negativen Denk- und Verhaltensweise zu arbeiten. Der Wille ist in Ihnen geweckt, endlich zufriedener zu werden, erfolgreicher zu sein und in ein erfülltes Leben zu starten. In allen Lebensbereichen bietet Ihnen das Umprogrammieren Ihrer Gedanken nur Vorteile. Sie entdecken verborgene Fähigkeiten, die Sie vorher gar nicht gesehen haben, da diese ganz tief verborgen lagen. Plötzlich sind Entfaltungsmöglichkeiten vorhanden und neue Wege eröffnen sich. Und Sie können durch Ihre neue, positivere Denkweise vieles lernen.

Sie erlangen mehr Selbstvertrauen, Selbstbewusstsein und stärken den Glauben an sich selbst. Es stellt sich ganz automatisch mehr Zufriedenheit ein, die Ihrem Leben und Ihnen selbst Positivität und ein Stück weit Optimismus verleiht.

Auf der Suche nach den Geheimnissen von Erfolg und Wohlstand lernen Sie schnell, dass es keine verborgenen Türen und große Geheimnisse gibt. Der Schlüssel für Erfolg, Wohlstand und Glück sind Methoden, Techniken und Strategien, die jeder einsetzen kann, um negative Gedanken loszuwerden. Sie funktionieren bei jedem, wenn als Basis wirklich eine Veränderung herbeigeführt werden möchte.

Jeder Mensch hat sein eigenes Spielbrett, auf dem nur er die Steine bewegt und in die richtige Reihenfolge bringt. Wenn die Bereitschaft vorhanden ist, etwas verändern zu wollen, gelingt es auch, die Steine in die richtige Reihenfolge zu bringen und damit den Weg für eine positive Denkweise, ein erfolgreiches Leben und mehr Glück zu bereiten. Grundsätzlich ist jeder Mensch doch darum bemüht, nach Erfolg und Wachstum zu streben. Lediglich die Voraussetzungen und Grundlagen sind individuell gestaltet und beruhen auf verschiedenen Mindsets.

Aus einem negativen Mindset lässt sich durch neurolinguistisches Programmieren ein positives Mindset gestalten. Dazu gehört, dass der Mensch eine positive Einstellung zu sich selbst, zu anderen und zum Leben erlangt und diese in seinen Gedanken manifestiert. Damit ist der Weg für ein positives, erfolgreiches und glückliches Leben bereitet.

Max Krone

Band 3 (Psychologie für Anfänger)

<u>Band 1 (Positive Psychologie)</u> & <u>Band 2 (Manipulation & Körpersprache)</u> <u>Band 4 (NLP),</u>

sowie weitere Bücher von **Max Krone** sind jetzt auf Amazon verfügbar.
Dafür einfach **Max Krone** in die Amazon Suchleiste eingeben.

Urheberrecht

Alle Inhalte dieses Werkes sowie Informationen, Strategien und Tipps sind urheberrechtlich geschützt. Alle Rechte sind vorbehalten. Jeglicher Nachdruck oder jegliche Reproduktion – auch nur auszugsweise – in irgendeiner Form wie Fotokopie oder ähnlichen Verfahren, Einspeicherung, Verarbeitung, Vervielfältigung und Verbreitung mit Hilfe von elektronischen Systemen jeglicher Art (gesamt oder nur auszugsweise) ist ohne ausdrückliche schriftliche Genehmigung des Autors strengstens untersagt. Alle Übersetzungsrechte vorbehalten. Die Inhalte dürfen keinesfalls veröffentlicht werden. Bei Missachtung behält sich der Autor rechtliche Schritte vor.

Haftungsausschluss und Impressum

Der Inhalt dieses Buches wurde mit sehr großer Sorgfalt erstellt und geprüft. Für die Richtigkeit, Vollständigkeit und Aktualität des geschriebenen kann jedoch keine Garantie gewährleistet werden. Sowie auch nicht für Erfolg oder Misserfolg bei der Anwendung des gelesenen. Der Inhalt des Buches spiegelt die persönliche Meinung und Erfahrung des Autors wider. Der Inhalt sollte so ausgelegt werden, dass er dem Unterhaltungszweck dient. Er sollte nicht mit medizinischer Hilfe verwechselt werden. Juristische Verantwortung oder Haftung für kontraproduktive Ausführung oder falsches Interpretieren von Text und Inhalt wird nicht übernommen.

Impressum

Autor: Max Krone

vertreten durch:

**MAK DIRECT LLC
2880W OAKLAND PARK BLVD, SUITE 225C
OAKLAND PARK, FL 33311
FLORIDA**